·全面深化改革研究书系·

金融大变革

THE FINANCIAL REVOLUTION

殷剑峰 著

社会科学文献出版社
SOCIAL SCIENCES ACADEMIC PRESS (CHINA)

总　序

党的十八大以来，习近平总书记发表了一系列重要讲话，提出了许多富有创见的新思想、新观点、新论断，为我们在新的历史起点上实现新的奋斗目标提供了基本遵循。这一系列重要讲话是对党的十八大精神的深化和拓展，是对中国特色社会主义理论体系的丰富和发展，是在我国经济社会发展的决定性阶段坚持和发展中国特色社会主义的政治纲领，是全面阐述事关中国特色社会主义前途命运重大原则问题的马克思主义文献，是指导我们推进中国特色社会主义伟大实践、实现"两个一百年"奋斗目标和中华民族伟大复兴中国梦的行动指南。全面贯彻落实习近平总书记重要讲话精神，是我们当前和今后一个时期的重要工作。

贯彻落实习总书记系列讲话精神，要求我们不仅方向明确，也要路径清晰，不仅要快速推进，更要注重成效，蹄疾而步稳。当前，在全面深化改革上，依然存在改什么、怎么改以及孰先孰后的问题；具体到改革的各个领域、层次、板块，具体到改革的策略与方法，依然存在争议、误解甚至盲区；在贯彻落实习近平总书记重要讲话精神上，依然存在如何落实、具体路径等问题。为此，既需要在实践中大胆探索，也需要在理论上小心论证。而后者，为社会科学工作者乃至学术出版人提供了机遇，也是中国社会科学工作者义不容辞的使命。

中国社会科学院是党中央直接领导、国务院直属的国家哲学社会科学研究机构。长期以来，中国社会科学院秉承学术为社会服务、为大众服务的宗旨，辛勤耕耘，努力进取，时刻关注重大现实理论问题研究，为党和国家的发展建言献策。在改革开放以来的每一个历史节点，从党的大政方针到具体制度的构建，中国社会科学院都发出了自己应有的声音，切实起到了党和国家重要思想库和智囊团的作用。在当前全面深化改革、跨越中国历史三峡的重要时刻，中国社科院尤其要发挥自身理论优势，为改革释疑解惑、谋划布局。

为全面贯彻落实十八届三中全会决定和习近平总书记系列重要讲话精神，由中国社科院牵头，社会科学文献出版社具体组织实施，推出"全面深化改革研究书系"。书系选取了15个专题，约请国内该领域重要学者主持撰写，形成系列丛书。我们的设想是：

1. 所有专题都必须是当前深化改革实践中的难点问题、重点问题和关键问题。

2. 所有写作者必须是对这些问题深有研究的学者。他们不仅在理论上卓有建树，是某些重要理论观点甚至学派的创始人或者代表，还长期关注社会实践，参与党和国家某些重要政策的制定或论证。

3. 各专题的写作者对十八大精神和习总书记讲话的渊源以及理论与实践基础有深刻研究、深透认识。

4. 书系总体为应用对策研究，要求有观点、有论证、有调研、有数据、有方案，实证性突出。

根据上述标准，我们选取的15个专题包括：改革开放与中国经验、经济体制改革、财政制度、企业绩效革新、人口问题、城镇化、国家治理现代化、依宪治国、文化市场、社会组织体制建设、生态文明建设等。这些专题覆盖了十八大报告所论及的经济建设、政治建设、文化建设、社会建设、生态文明建设、党的建设、军队建设等主要方面，都属于改革中的关键点。各专题的写作者多数来自中国社科院，也有部分来自中央编译局、清华大学等国内重要研究机构与高校，全部是各领域的顶尖级学者。这些学者已有的学术积淀，以及他们长期为党和国家政策制定担当智识支持的经历，保证了书系的权威性、实用性和指导性。从各专题的成稿情况看，作者问题意识强，对当前改革的难点和重点反映多，理论探讨深入。书中提出的对策方案，也有较强的可操作性。总体而言，书系内容翔实，讨论深入，对现实有参考意义，基本达到了我们的要求。当然，学无际涯，改革无止境，诚挚欢迎学界同道讨论批评。

书稿初成之际，得知书系入选国家新闻出版广电总局的"深入学习贯彻习近平总书记系列重要讲话精神主题出版重点图书"，并获得国家出版基金支持，不胜欣喜，也很受鼓舞。2014年是中国的马年，也是全面深化改革的开局之年，正当扬鞭奋蹄，开启新程。

是为序。

王伟光

2014年2月5日

摘 要

全球货币金融体系是一个以美元霸权为核心的体系。由于美国不可持续的过度消费模式和信用膨胀，在2008年全球金融危机后，这一体系正在瓦解。美元霸权不可避免的衰落，既给我国的崛起和人民币成为全球关键储备货币带来了机遇，又对我国经济体制改革和经济、金融发展模式转变提出了挑战。在对我国人口红利的分析中，我们发现，如果能够控制住系统性风险，尤其是房地产泡沫，我国经济的人口红利尚可以持续到2019年。这段时间正是改革经济体制，尤其是改革财政与金融体制的关键时间窗口。我国的财政与金融体制是一种不同于其他国家的增长型财政体制和金融约束体制的搭配，在这种体制下，政府和市场的关系、中央和地方的关系愈发不顺。这两种关系的不顺一方面使我国的经济增长正逐步丧失动力，另一方面更是系统性风险的来源。2008年全球金融危机后，在国内体制性弊端未得到根本解决的同时，我国的一些部门开始盲目乐观地推动人民币国际化，而这种国际化乃是基于错误的指导思想，采取的是已经被证明注定失败的错误模式。人民币国际化的目的是使人民币成为关键储备货币，这对全球货币金融体系的改革有利，也对我国的经济和金融发展有利，但是，其前提是改革国内经济体制，尤其是根本性改革财政与金融体制。十八届三中全会之后，我国开始了以理顺政府与市场的关系、中央与地方的关系为目的和核心的系统性改革，这将深刻改变我国的财政与金融体制，推动我国经济和金融发展模式的彻底转变。

Abstract

Today's global monetary and financial system is an imbalanced one in which US dollar plays hegemonic role. Global financial crisis of 2008 foretells collapse of this system because growth model of United States based on undue consumption and credit expansion is unsustainable. Inevitable decline of US dollar's hegemony brings about a great opportunity for the rise of RMB as key global reserve currency, but it also puts forward a big challenge for transformation of economic and financial development model of China.

The past success story of Chinese economy can be boiled down to demographic dividend. We find that if systemic risk, in particular real estate bubble, can be controlled, this dividend will still be a powerful driving force for China's economic growth until around 2019 – key time window for reform of Chinese economic system, especially reform of fiscal and financial system. Different from other countries, fiscal and financial system in China is a pro – growth model paired with financial restraint in which government plays role of "visible hand" in resource allocation rather than "invisible hand" providing public goods for economy. Under this system, the relationship between government and market and relationship between central and local government have gradually become disordered, causing economic engine lose momentum and even systemic risk accumulate.

After global crisis, while systemic problems in domestic economy have not been tackled, internationalization of RMB is launched under atmosphere of somewhat blind optimism. But this kind of internationalization is based on erroneous guiding principle and adopts wrong model we have already seen its costly failure in Japan in 1990s.

The object of RMB internationalization is to establish RMB's status as key reserve currency. This status will benefit both of global monetary and financial system and Chinese economic and financial development, but its premise is fundamental reform of domestic economic system, especially fiscal and financial system.

Since the Third Plenary Session of 18th CPC Central Committee, China has launched a systemic reform in order to rectify disorder in relationship between government and market and relationship between central and local government. This reform will change China's fiscal and financial system profoundly. It will bring about a financial revolution in China.

目 录
CONTENTS

前言　迎来金融大变革时代 ………………………………… 1

第一章　危机后的美元霸权：盛极而衰 ………………… 1
　第一节　引言：美国规则 ………………………………… 1
　第二节　全球失衡和美元霸权 …………………………… 3
　第三节　美元霸权的衰落：不可持续的储蓄/
　　　　　消费模式 ……………………………………… 15
　第四节　美元霸权的衰落：被腐蚀的信用 ………………… 30
　第五节　阴阳经济学：美元霸权的阴气 ………………… 40

第二章　中国的人口红利：拐点来临？ ………………… 44
　第一节　引言：从"双顺差"说起 ………………………… 44
　第二节　中国经济成功的故事：人口红利 ……………… 48
　第三节　拐点：我们遭遇到哪一个？ …………………… 55
　第四节　双重拐点危机：发达国家的经验教训 ………… 69
　第五节　阴阳经济学：人口红利的"阳气" ……………… 78

第三章 中国的财政金融体制：追本溯源 ……… 82
- 第一节 引言：越调越乱的房地产调控 ……… 82
- 第二节 财政与金融体制：理论探讨 ……… 86
- 第三节 2003年之前的财政与金融体制 ……… 97
- 第四节 自2003年以来的财政与金融体制 ……… 110
- 第五节 阴阳经济学："阳气"变"邪气" ……… 125

第四章 人民币国际化：危机后的冲动 ……… 129
- 第一节 人民币国际化：从日本人的雄心说起 ……… 129
- 第二节 日元国际化失败的教训："贸易结算+离岸市场" ……… 133
- 第三节 当前人民币国际化的模式："贸易结算+离岸市场" ……… 143
- 第四节 人民币国际化：定位和差距 ……… 156
- 第五节 阴阳经济学：到"阳气"十足的地方去 ……… 167

第五章 金融大变革：顶层设计和风险处置 ……… 170
- 第一节 如何改革：从欧元区的"不可能三角"说起 ……… 170
- 第二节 当前财政/金融体制下的风险累积和流动性短缺 ……… 172

第三节　顶层设计：财政/金融体制改革 ………… 184
第四节　金融风险处置：长短结合的措施………… 194
第五节　阴阳经济学：抑"邪气"、
　　　　保"阳气" …………………………… 211

后　记 ……………………………………………… 213

目 录
CONTENTS

Preface The Age of Financial Revolution / 1

Chapter 1 Hegemony of US Dollar after Crisis:

Fall from Zenith / 1

Section 1 Introduction: American Rule / 1

Section 2 Global Imbalance and Hegemony of US dollar / 3

Section 3 Decline of US Dollar's Hegemony:

Unsustainable Saving-Consumption Model / 15

Section 4 Decline of US Dollar's Hegemony:

Spoiled Credit / 30

Section 5 Yin-Yang Economics: The *Yin Qi* of

US Dollar's Hegemony / 40

Chapter 2 Demographic Dividend in China:

Turning Point? / 44

Section 1 Introduction: Double Surpluses / 44

Section 2　Success Story of Chinese Economy:

　　　　　Demographic Dividend　　　　　　　　　　／48

Section 3　Turing Points: Which One Matters?　　／55

Section 4　Crisis of Double Turing Points:

　　　　　Lessons from Developed Countries　　　　／69

Section 5　Yin-Yang Economics:

　　　　　The *Yang Qi* of Demographic Dividend　　／78

Chapter 3　**Fiscal and Financial System of China:**

　　　　　Mechanism of Chinese Economy　　　　／82

Section 1　Introduction: Disordered Real Estate Policies　／82

Section 2　Fiscal and Financial System:

　　　　　Theoretical Discussion　　　　　　　　　　／86

Section 3　Fiscal and Financial System before 2003　／97

Section 4　Fiscal and Financial System since 2003　／110

Section 5　Yin-Yang Economics: *Yang Qi* and *Xie Qi*　／125

Chapter 4　**RMB Internationalization: Impulse after Crisis**

　　　　　　　　　　　　　　　　　　　　　　　　／129

Section 1　Introduction: Ambition of Japan　　　　／129

Section 2　Lessons of Japanese Yen's Internationalization:

　　　　　Trade Settlement and Offshore Market　　／133

Section 3　Current Model of RMB Internationalization:
　　　　　Trade Settlement and Offshore Market　　／143
Section 4　RMB Internationalization:
　　　　　Gap between Object and Reality　　／156
Section 5　Yin-Yang Economics:
　　　　　Go to Places with Affluent *Yang Qi*　　／167

Chapter 5　Financial Revolution: Top-level Design and Risk Management　　／170

Section 1　How to Reform:
　　　　　Impossible Trinity in Euro Area　　／170
Section 2　Risk Accumulation and Liquidity Shortage
　　　　　under Current Fiscal and Financial System　　／172
Section 3　Top-level Design: Reform of Fiscal and
　　　　　Financial System　　／184
Section 4　Risk Management: Measures in both
　　　　　long-term and short-term　　／194
Section 5　Yin-Yang Economics: Retain *Yang Qi* and
　　　　　Contain *Xie Qi*　　／211

Postscript　　／213

前　言
迎来金融大变革时代

　　记得第一次读到十八届三中全会通过的《中共中央关于全面深化改革若干重大问题的决定》（以下简称《决定》）的时候，笔者的感觉可以用"震撼"二字来形容。全文十六部分六十条两万多字勾勒出了未来中国在经济基础和上层建筑建设的方方面面，各方面改革的力度之大远超想象。

　　然而，在《决定》中，直接与金融改革相关的内容仅是第十二条的区区 380 余字，且诸如多层次资本市场建设、利率市场化改革、人民币资本项目可兑换等内容也均为老提法。表面上看，金融改革似乎并非重点，亦缺乏亮点。实则不然。因为，金融体制是整个政治经济体制的一部分，上层建筑其他部分的改革必然对之有深刻的影响，且其他部分的改革也直接、间接地依赖金融体制的改革；金融体系也是整个经济体系的一部分，经济体系其他领域的结构调整必然会引发金融体系的重构，而作为"现代经济的核心"，金融体系的重构又必然会推动整个经济体系的结构调整。笔者以为，此次《决定》的出台将从金融体制、金融体系结构和金融投资机遇等三大方面推动形成一场金融大变革。

首先是金融体制的转变。我国当下的金融体制是一种金融约束体制，形成于十四届三中全会，完全成形于 2002 年第二次全国金融工作会议。这种体制与成熟市场经济国家的金融自由化体制存在一个关键性差异：政府而非市场是配置金融资源的主导力量。这种体制的好处在于，在经济发展的初级阶段，它可以有效地动员储蓄并将储蓄配置到有成熟技术的大规模投资中，相对于金融自由化体制，金融约束体制比较稳定有序；其坏处则在于，当经济发展到相当阶段时，它易导致储蓄过度、消费不足，且难以为蕴含新发明、新技术的风险投资配置金融资源，从全球金融格局看，它也极大地约束了我国的金融软实力，从而使我国在国际货币金融体系乃至整个国际政治经济体系中居于被支配的从属地位。对此，自 2002 年以来，虽然在历次党的文件和五年发展规划中都提出要进行金融改革，但是，并未触及体制这个核心。

此次《决定》开篇第一部分即直指体制问题这个核心："经济体制改革是全面深化改革的重点，核心问题是处理好政府和市场的关系，使市场在资源配置中起决定性作用和更好发挥政府作用。"在笔者看来，处理好市场与政府关系的核心在于"更好发挥政府作用"。在诸多市场规则、市场体系尚未建立的现阶段，更好的政府作用应该主要体现在这三个方面。政府自身应该主动减少不恰当的干预（所谓的"壮士断腕"）、推动市场规则和体系建设、加强市场监管和宏观调控。政府职能的转变意味着金融约束体制将会转向金融自由化体制，而加强市场监管和宏观调控又意味着我们需要吸取该次全球金融危机的教训，建立一个防范系统性风险、区域性风险的现代金融监管体系。

其次是金融体系的结构重构。我国的金融体系结构属于（传统的）银行主导型，同样形成于十四届三中全会——那次全会的文件明确指出要"发展和完善以银行融资为主的金融市场"。与金融约束体制相适应，银行主导的金融体系结构同样是要服务于经济发展之初动员储蓄、推动大规模投资这个目的。但是，与金融发达国家具有的（资本）市场主导型金融体系相比，这种结构无法为储蓄提供多样化的投资渠道，无法将储蓄配置到新发明、新技术上，并且，信用风险和流动性风险高度集中于脆弱的银行部门。从全球格局看，（资本）市场主导，而非以银行为主导的金融体系结构从来就是全球领导型国家的特征，我国当下的（传统的）银行主导体系绝非实现中华复兴梦的载体。

对金融体系的重构，《决定》第二部分有关确立和完善基本经济制度的阐述给出了方向：从银行主导转向（资本）市场主导。这意味着在 21 世纪的第二个十年，资本市场将会迎来持久的牛市。在第二部分中,《决定》在明确提出保护国有和非国有经济产权的基础上,还提出了要发展混合所有制,要鼓励员工持股,要鼓励有条件的非国有企业转变成混合所有制企业。许多人可能并未领会这些内容对资本市场的含义。这意味着"资本大众化"时代的来临!越来越多名为全民所有、实为少数人得福的国有企业以及越来越多在家族封闭控制下愈发步履蹒跚的私有、私营企业要成为大众持股、职业经理人管理的公众公司,越来越多的劳动者要成为资本所有者而非仅是银行存款人。以美国为例,自 20 世纪 80 年代里根总统推动经济自由化改革以后直至 1999 年,大批美国的私有、私营企业通过资本市场成为大众持股、职业经理人管理的公众公司;通过 401K 计划和非银行金融机构的发展,美国居民的资产组合中越来越多的是直接或者间接持有的公司股票;美国股市自 1981 年到 1999 年连续上涨了 20 年!在长期的牛市中,美国经济也形成了以消费为主导、以技术进步为主要推动力的发展格局。除了基本经济制度的确立和完善之外,其他领域的改革,如土地制度、政府职能、财政体制等,也将成为推动我国资本市场大发展的力量。例如,我们可以预期,未来若干年中我国债券市场发展的主力军必将是地方政府直接或通过平台间接发行的一般地方政府债券和特定项目地方政府债券。

最后是全新的金融投资领域的开拓。在金融约束体制和以银行为主导的金融体系下,我国的金融资源长期被配置到制造业以及过去十年中基于土地抵押的土地金融,缺乏对现代服务业的投资。缺乏金融投资是我国服务业落后的根本原因,但是,这并不主要是金融的过错,而是实体经济领域政府管控过严、行政干预过甚的结果。因此,实体经济领域的改革,而不仅是金融改革,是金融资源向现代服务业配置的关键前提。

此次《决定》对现代服务业所涉及的主要领域放开了管控,为金融资源的进入创造了巨大的机遇。试举几例:在科技体制改革中,明确提出要"发展技术转移机制,改善科技型中小企业融资条件,完善风险投资机制,创新商业模式,促进科技成果资本化、产业化";在城乡一体化和城镇化建设中,要"允许社会资本通过特许经营等方式参与城市基础设施投资和运营";在文化体制建设上,要"建立健全现代文化市场体系……建立多层次文化产品和要素市场,鼓励金融资本、社会资本、文化资源相结合";在医疗卫生领域,"社会资金可直接投向资源稀缺及多元需求服务领域,多种形式参与公立医院改制重组"。此外,农村集体建设性用地、耕地和农民宅基地制度的改革也将极大推动农村金融的发展,因为农村金融长期不振的根本原因实际上就是在于农民、农村和农业缺乏可以撬动金融资源、用于抵押的土地。

"一万年太久,只争朝夕。"金融体制的转变、金融体系的重构和全新的金融投资领域的开拓将会带来伟大的金融大变革时代。但是这一切的时间节点是并不遥远的 2020 年:"到二〇二〇年,在重要领域和关键环节改革上取得决定性成果,完成本决定提出的改革任务,形成系统完备、科学规范、运行有效的制度体系,使各方面制度更加成熟更加定型。"

第一章
危机后的美元霸权：盛极而衰

第一节　引言：美国规则

今天的全球货币金融体系是 1944 年布雷顿森林体系的延续。在这一体系中，广大的发展中国家和新兴经济体是外围，西方世界是中心，而美国则是中心的中心，美元拥有无可比拟的霸权地位。在这一体系中，美国既是最大的玩家，又是规则的制定者。当规则对自己有利时，美国人就会指责别人，要求别人遵守规则；当规则对自己不利时，美国人还是会指责别人，只不过是一边指责，一边修改规则。

1944 年，"怀特计划"压倒"凯恩斯计划"，按照美国——当时全球最大的债权国和经常项目顺差国——的利益，成立了美元钉住黄金，其他国家货币钉住美元的布雷顿森林体系。1971 年，美国人发现这个体系不再能维持美元的霸权地位，他们选择了违反规则，终止了美元对黄金的兑付，并最终导致1973年布雷顿森林体系的崩溃。在1973年以后的"后布雷顿森林体系"中,美国脱掉了令它不舒服的固定汇率制外衣,摆脱黄金束缚的美元进一步加强了其霸权地位。20世纪80年代,当美国人发现日本和德国愈发成为自己的挑战者的时候,又"说服"了两个小伙伴,于1985年签订了广场协定,德国马克,尤其是日元大幅度升值,同时,日本"自愿"减少对美国的出口。为了进一步削弱风头正盛的日元,美国还出了一个馊主意,鼓动信心满满的日本人从建立日元离岸市场、放开资本项目管制入手推动日元国际化,结果让日本经济陷入数十年的阴气中①。

在亚洲金融危机爆发后的1998年,美国控制的国际货币基金组织(IMF)要求陷入危机的国家紧缩开支、调整国内经济结构。十年后的2008年,为摆脱次贷危机,作为全球货币金融体系的中心,美国完全忘记了当年对亚洲小伙伴的劝诫,不顾美国作为中心国家其宏观政策具有巨大外部效应的影响,采取财政扩张、量化宽松的政策,继续放纵国内膨胀的金融部门和过度消费的经济模式,让全球又一次陷入美元流动性的洪水中。21世纪,在对美国做出重大让步后,我国加入了世界贸易组织(WTO),融入了以美元霸权和美国经济为主导的全球货币金融和经济体系。我国忍辱负重,最终成为美国的最大

---

① 《大藏省国际金融局年报》,1987,第268页。

债权国和顺差国，也因此取代了日本和德国，成为美国人的首要关切对象：贸易不平衡问题、人民币汇率问题、知识产权问题、环境和人权问题……成了美国为难中国的一个又一个话题。但是这次不同了，因为支撑美元霸权的过度消费模式已经难以持续，美元的信用基础正在坍塌，而我们尽管面临重重困难，却正在崛起。

第二节　全球失衡和美元霸权

遵循一如既往的习惯，在2008年全球金融危机的尘埃尚未落定之时，美国的学界和政界就急于寻找指责、泄愤的对象。除了一直以来对人民币汇率问题的责难外，他们找到了一个新的由头：全球失衡（Global Imbalance）——一部分国家长期的经常项目顺差和另一部分国家长期的经常项目逆差。他们认为，长期、不可持续的顺差和逆差是造成2008年全球金融危机的根本因素，而全球失衡的罪魁祸首是顺差国，尤其是"操纵"人民币汇率的中国。

1. 全球失衡：美国的逻辑

经常项目的差额即为国内储蓄和投资之间的差额，因此，表现为外部失衡（经常项目的不平衡）的全球失衡只是内部失衡（储蓄和投资的不平衡）的镜像。对此，美联储前任主席伯南克（Bernanke，2005）提出了"全球储蓄过剩"

(Global Saving Glut)假说。按照这一假说,部分发达国家(日本和德国),尤其是以中国为首的新兴经济体存在长期的过剩储蓄,这导致了全球的储蓄过剩乃至经济失衡。过剩储蓄的流出表现为这些国家的经常项目顺差,同时,过剩储蓄流入以美国为代表的少数国家就形成了经常项目的逆差。同时,全球过剩储蓄还推动了真实利率的下降,从而引发了资产价格上涨、信用膨胀乃至2008年全球金融危机。至于过剩储蓄形成的原因,在发达国家是因为人口老龄化、资本/劳动比高(意味着投资的回报率低)和投资机会的消失,在新兴经济体则是因为积累外汇储备以防范货币危机的动机、推动出口导向型经济增长的需要以及石油价格上涨带来的额外收益。

循着伯南克的思路,一些学者(如 Ito and Chinn,2007;Chinn, Eichengreen and Ito, 2011;Mendoza et al.,2007)进一步深入挖掘了顺差国的体制弊端,提出了产生全球储蓄过剩的机制——"全球金融发展不平衡":由于存在法律体系不健全、社会保障体系不完备等诸多体制弊端,顺差国的金融发展水平低下,金融市场狭小,整个金融体系封闭落后。在这种情况下,顺差国的高储蓄只能往外寻找出路,由此就形成持续的储蓄输出(表现为经常项目的顺差)。相反,由于体制健全,逆差国(主要是美国)通常有发达、开放的金融市场和金融体系,其发生逆差的原因恰恰就在于顺差国需要利用逆差国发达、开放的金融市场。

继续沿着"全球金融发展不平衡"的思路，一些学者（如 Caballero, Farhi and Gourinchas, 2006；Caballero, 2008, 2010；Caballero and Arvind, 2009）又提出了"全球金融资产短缺"的假说。该假说认为，全球金融发展不平衡的后果是，随着全球的经济增长和储蓄积累，全球对金融资产，尤其是像美国国债这样的"安全资产"的需求不断上升，但是，金融资产的供给却只来源于少数国家（主要是美国），金融资产的供不应求使储蓄从金融发展滞后，但经济增长快的国家向金融市场发达的国家流动。但是，欧洲的金融市场也相当发达，并且在欧元区成立之后发展非常快，为什么像德国这样的欧洲大国不是逆差国呢？这个假说很会自圆其说：确实，美国和欧洲都可以提供作为价值储藏工具的金融资产，两者在这方面存在竞争关系，但是，由于美国经济增长前景好于欧洲，所以，全球过剩的储蓄就跑到美国那儿去了，进而使美国的金融资产份额不断上升（美国金融资产与世界其余地区 GDP 之比从 20 世纪 90 年代初的 16% 左右上升到 21 世纪的 43% 左右）。

上述三种假说看起来环环相扣、逻辑清晰，但是，这里有一个导致它们"雪崩"的事实：在过去几十年中，全球储蓄率是在下降而非上升。这个事实最先被美国学者泰勒（Taylor, 2009）观察到，他在反驳全球储蓄过剩观点的时候说道："这一解释的最大问题是，并没有证据表明存在全球储蓄过剩。相反，似乎存在储蓄短缺……与 20 世纪 70~80 年代相比，2000~2004年全球的储蓄率是在下降的。"从图1可以看到，在1973年布雷顿森林体系崩溃之前，全球储蓄率确实处于上升状态。从1973年开始，如泰勒所说，全球储蓄率一直呈现下降的趋势。而全球储蓄率的下降显然是因为高收入国家的行为：高收入国家的储蓄在2002年之前占全球储蓄的80%左右，2002年之后高收入国家的储蓄份额持续下降，但仍然在65%以上，因此，高收入国家的储蓄率下降就决定了全球储蓄率的下降。而在同期，包括中国在内的上中等收入国家的储蓄率是上升的。

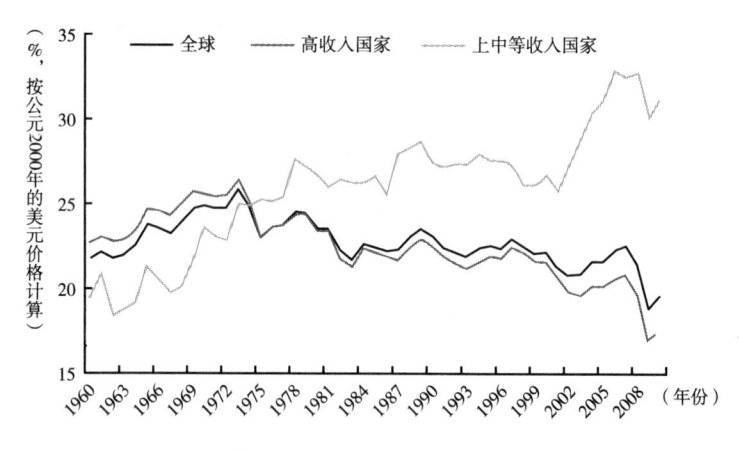

图1 1960~2010年储蓄率

注：根据2010年的收入标准划分。
资料来源：世界银行。

如果说全球面临的不是储蓄过剩而是储蓄短缺的话，那么，"全球金融资产短缺假说"也就不成立了，因为储蓄率的下降应该导致金融资产的需求下降而不是上升。这意味着，美国金融资产占全球份额的上升仅仅反映的是资产供给的过度,而非资产需求的过度。换句话说,美国金融资产的膨胀实际上是过去多年宽松货币政策和金融自由化的结果。顺着这个逻辑再往下推演,"全球金融发展不平衡假说"最终也难以成立:在全球储蓄率下降,因而金融资产需求下降的情况下,储蓄从储蓄率较高、金融资产供给相对较慢的国家流向储蓄率较低、金融资产供给过快的国家,其原因主要不在于金融资产需求的拉动作用,而是在于部分国家金融资产供给过快的推动作用。换言之,金融发展不平衡(金融资产供给差异)或许确实是全球经济失衡的一个原因,但是,这并非需求方和金融发展滞后(金融资产供给慢)的国家的过错,而是供给方和金融发展过快(金融资产供给过快)的国家的过错。

2. 全球失衡的背后:货币霸权的演变

事实上,全球经济失衡并非近几十年来发生的新现象。考察历史可以发现,这种现象至少早在19世纪就已经出现了。而且,历史上所有的经济失衡都是围绕当时国际货币金融体系的中心国家展开的。只不过由于货币本位制度的差异,不同时期的全球失衡呈现不同的特点:在金本位或金汇兑本位制时代,这表现为中心国家的经常项目顺差和资本项目逆差;在信用本位制时代,这表现为中心国家的经常项目逆差和资本项目顺差。

自19世纪70年代以来,国际货币体系以及全球经济失衡现象经历了三个明显的历史阶段。第一阶段是1870年到"一战"之前。在这一阶段中，除少数实行银本位的国家（如中国）之外，国际货币本位制度以金本位为主，英镑是霸权货币，国际货币金融体系的中心国家是英国。金本位的一个重要特点就是，货币的发行以黄金为准备。尽管针对商业银行的部分准备制极大地解放了派生货币受制于黄金的约束，但是，黄金对中央银行发行的基础货币始终是一个硬约束。因此，如何获取黄金是关键。除了发掘新的黄金矿藏之外，黄金的来源无非两个渠道：第一，基于技术优势的长期贸易顺差。因为只有维持持续的贸易顺差，才能有黄金的不断流入；第二，基于军事强权的资本输出。通过资本输出强占殖民地的资源和市场，低进（资源）高出（商品），形成殖民地附属国生产原材料、殖民地宗主国生产工业产品的垂直分工模式。与简单依靠贸易顺差相比，强权下的资本输出更加有利于中心国家。所以，在《帝国主义是资本主义的最高阶段》中，列宁说道："对自由竞争占完全统治地位的旧资本主义来说，典型的是商品输出。对垄断占统治地位的最新资本主义来说，典型的则是资本输出。"

观察图2可以发现，1870年直至"一战"前，国际货币金融体系的中心国家——英国一直保持着经常项目的顺差，顺差占GDP的比重在最高时期（如1913年）甚至接近9%。与此同时，外围国家——澳大利亚和加拿大则是持续的逆差。通过贸易顺差，英国获得了大量的黄金，同时通过投资和借贷的形式，英国又将以黄金作为准备的英镑输送到贸易逆差国。这不仅保证了外围国家可以再次购买英国商品，也推动形成了英镑的国际中心货币地位。在这一过程中，英国成为全球最大的债权国。

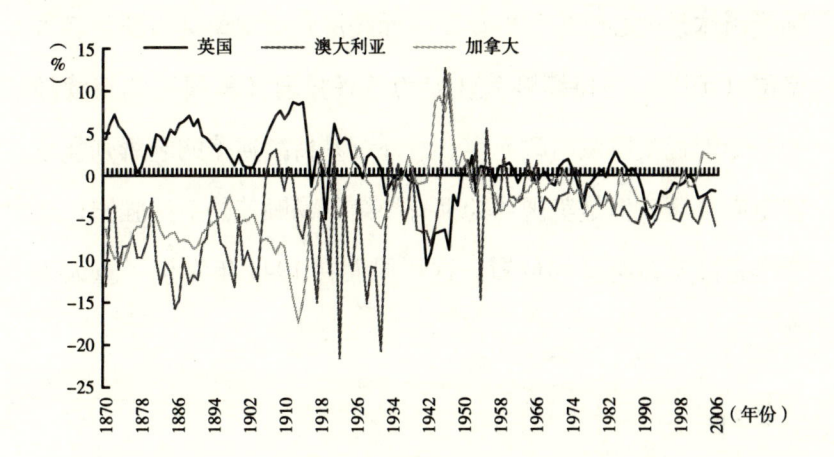

图 2　1870~2006 年英国和澳大利亚、加拿大经常项目差额占 GDP 的比重

资料来源：IMF 世界经济展望，2005 年 4 月。

国际货币体系演化的第二个阶段是在"一战"后到布雷顿森林体系建立期间。"一战"后，国际货币体系进入一个混乱状态。受财政赤字以及 1929 年大危机的影响，金本位制度开始松动。为刺激经济，或为财政赤字融资，主要国家时常宣布法定货币贬值，或干脆放弃金本位。不过，对黄金的眷恋让这些国家在度过暂时性的困难时期之后又会重新宣布货币与黄金挂钩。由于黄金始终还是一个约束，因此，成为或者保持国际体系中心国的这样一个逻辑链条依然成立：持续的贸易顺差和持续的黄金流入。可以看到，从20世纪30年代开始，在英国的对外贸易由顺差转向逆差的过程中（见图2），美国一直维持着经常项目的顺差（见图3）。贸易格局的演变决定了国际货币体系中心国地位的演变，而经济失衡现象则表现为老牌帝国（英国）的持续顺差转变为新兴强国（美国）的持续顺差。尽管背负巨额财政赤字、对外贸易持续逆差的老牌列强正在走向衰落，但是美国作为拥有持续贸易顺差的新兴强国，还未准备好接替英国的位置。这种局面在1945年发生了重大改变。

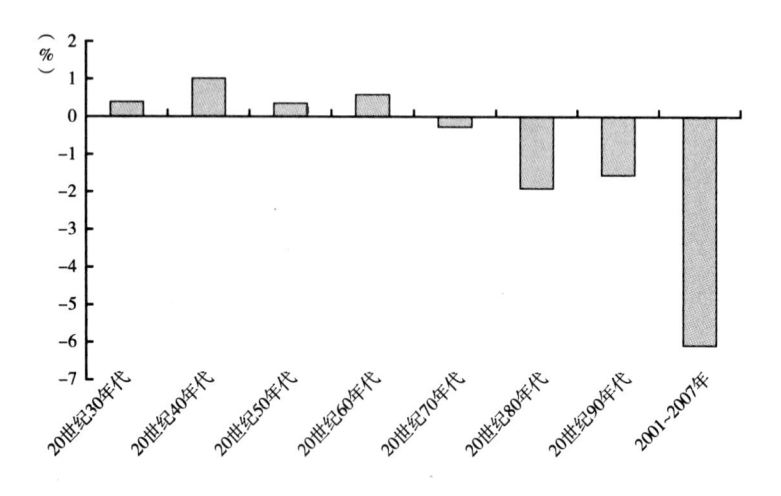

图3　美国经常项目差额/GDP

资料来源：CEIC。

1945年布雷顿森林体系的建立标志着美元霸权的成形，国际货币体系进入了以美元为核心的金汇兑本位制时代。在这一体系下，一方面，其他国家货币与美元挂钩、美元与黄金挂钩的安排要求美元的发行要有足够的黄金储备——与金本位时代一样，这要求美国必须保持经常项目顺差以获得黄金；另一方面，美元的霸权地位又要求美元的发行速度必须能够跟上世界经济和金融发展的要求。这种矛盾——拥有足够的黄金准备且能够满足世界对美元货币需求之间的矛盾——就是著名的"特里芬两难"。由于日本、德国等新兴发达经济体的竞争，特里芬两难最终只能通过彻底摆脱黄金约束来解决。在20世纪70年代，随着美国对外贸易持续逆差的形成，布雷顿森林体系最终瓦解。从此，国际货币体系进入了一个新的阶段——以美元为核心的信用本位体系，而美国的经常项目开始进入持续的逆差状态。

3. 信用本位制下的美元霸权：新的"特里芬两难"

在国际货币体系的第三个阶段，即信用货币本位制下，美元完全摆脱了黄金的约束。美元的输出不再是以黄金作为准备，因而不再需要通过经常项目顺差去积累黄金。相反，作为信用货币，美国通过经常项目逆差向全球输出美元，而经常项目顺差国积累的美元向美国回流，又形成了美国的资本项目顺差。用一个形象的比喻来描述这一过程就是，美国一手从左口袋掏出美元购买他国产品，另一手又将他国的美元装到右口袋。由于不用担心美元兑现（兑换成黄金）的要求，这种游戏可以持续进行下去，这也就是为什么美国能够长期保持经常项目逆差的原因。可以看到（见图4），从1975年，即布雷顿森林体系崩溃后的第三年迄今，在全球四大经济体中，唯有美国的经常项目一直处于逆差状况。

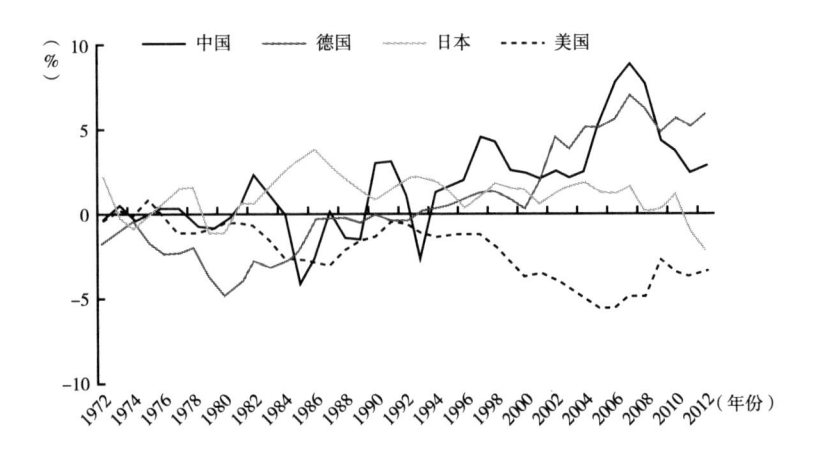

图4　1972~2012年全球四大经济体的经常项目差额/GDP
资料来源：CEIC。

不过，虽然美元摆脱了黄金的束缚，从而没有了兑现的压力，但是作为信用货币，美元自然需要维持"信用"。除了军事霸权之外，美元信用的维持归根到底是靠美国的偿付能力。从流量上看，保持偿付能力要求美国每年新增的负债与新增的收入保持在一个合理的水平。也就是说，在全球对美元交易、储值的货币需求不变的情况下，美国的经济增长速度必须能够至少保持在全球平均经济增长速度的水平，从而维持一个可持续的经常项目逆差/GDP。从图 4 可以看到，从 20 世纪 80 年代末到 2000 年，美国成为信息技术革命的领头羊，美国的经常项目逆差/GDP 在不断下降。但是，从 2000 年之后，美国的技术进步乃至经济增长丧失了动力，经常项目逆差/GDP 持续上升，在危机爆发前的多年间都超过了 5%，即使在危机后做出了调整，这个指标始终维持在 3% 以上。从本质上看，能够重新获得技术进步的动力是维持美元信用的关键因素之一。

从存量的资产和负债的角度看，美元的信用取决于美国国际投资头寸的状况。表 1 显示，布雷顿森林体系崩溃以后，美国的国际投资头寸在不断恶化。20 世纪 80 年代，美国的对外资产超过了对外负债，净头寸为正值。到了 20 世纪 90 年代，美国净头寸变为负值，不过对外的净负债尚且控制在 GDP 的 10% 以内。从 2000 年开始，美国的净负债不断增加，到危机爆发的 2008 年已经达到 GDP 的 22% 强。危机后的 2009 年和 2010 年有所好转，但从 2011 年开始，净负债/GDP 再次上升，截至 2013 年超过了 27%。

无论是从流量角度，还是从存量角度，美国偿付能力的下降都还是"特立芬两难"所反映的矛盾：在金本位或金汇兑本位制下，这种矛盾表现为中心国维持货币的黄金价值与满足对中心国货币的世界需求之间的矛盾；在信用本位制下，这表现为中心国保持足够的偿付能力以维持货币的信用与满足对中

表 1　美国国际投资头寸

单位：十亿元美元，%

年份	净头寸	资产	负债	净头寸/GDP
1980	360.35	929.81	569.46	12.92
1985	61.74	1287.40	1225.66	1.46
1990	-230.38	2178.98	2409.35	-3.97
1995	-430.19	3486.27	3916.47	-5.61
2000	-1337.01	6238.79	7575.80	-12.99
2005	-1932.15	11961.55	13893.70	-14.75
2006	-2191.65	14428.14	16619.79	-15.82
2007	-1796.01	18399.68	20195.68	-12.40
2008	-3260.16	19464.72	22724.88	-22.15
2009	-2275.19	18558.54	20833.72	-15.78
2010	-2250.30	20555.00	22805.29	-15.04
2011	-3730.59	21636.15	25366.74	-24.02
2012	-3863.89	21637.62	25501.51	-23.79
2013	-4577.50	21963.76	26541.27	-27.25

资料来源：CEIC。

心国货币的世界需求之间的矛盾。解决这一矛盾当然需要对国际货币体系进行根本性的改革，而在目前美元霸权的体系下，要想解决这个矛盾只有两个办法：第一，美国要加快技术进步，从而保持较高的经济增长；第二，美国要提高储蓄率，降低对外负债。

美元霸权的形成与美国领导的第三次信息技术革命息息相关。但是，在全球刚刚经历了一场这样的重大技术突破后，希冀再来一次大的技术革命似乎不太现实。对此，宏观经济学的一个"古怪"流派——长波技术论（赵涛，1987）在20年前对此就有一个宿命论似的预言[①]："1990年以后，生物工程、新材料、电视通信等各种新技术在产业方面投入应用的概率很高，因此，20世纪90年代至21世纪初期，世界经济再次进入长期繁荣的可能性非常大。"至于那以后，由于由重大技术革命推动的经济长波——"康德拉季耶夫周期"一般只能维持50~60年，因此，"世界经济当然不会是过去历史的简单重演，但我们暂且假定今后的历史进程同过去是一样的：从1970年往后推50年，那么2020年就是下一个世界经济长期繁荣的顶点"。

第三节　美元霸权的衰落：不可持续的储蓄/消费模式

既然再来一场由美国主导的重大技术革命不太可能，解决美元霸权面临的"特里芬两难"就要求美国必须减少消费、增加储蓄。从表2可以看到，在全球四大经济体中，美国的储蓄率不仅最低，而且在危机前的几十年的时间里呈现系统性下降的趋势，这是美国经常项目逆差不断扩大的根本原因。危机

[①] 长波技术论的代表人物之一：日本一桥大学筱原三代平教授在1984年的预言。见《经济长波论》，赵涛，中国人民大学出版社，1988年第1版。

爆发后,虽然美国的储蓄率有所回升,但依然没有达到2008年的水平,而经常项目逆差始终维持在GDP的3%以上。所以,"特里芬两难"问题是否能够解决,在很大程度上就取决于美国能否调整支出结构,增加储蓄。然而,从美国储蓄的主体来源——居民储蓄的情况看,前景远不能乐观。

表2 全球前四大经济体的GDP支出结构

单位:%

年份	中国			美国		
	储蓄率	投资率	净出口/GDP	储蓄率	投资率	净出口/GDP
1970	28.93	24.23	-0.09	21.72	21.17	0.36
1980	34.83	29.09	-0.37	22.82	23.49	-0.45
1990	39.13	25.86	2.99	20.17	21.23	-1.30
2000	37.53	34.11	2.41	19.86	23.03	-3.69
2008	51.76	40.79	7.72	15.94	21.00	-4.85
2009	52.65	45.96	4.41	14.79	18.54	-2.72
2010	51.98	45.73	3.76	14.94	17.99	-3.47
2011	50.75	45.59	2.48	14.78	18.21	-3.66
2012	51.64	46.82	2.82	15.68	18.64	-3.37

年份	日本			德国		
	储蓄率	投资率	净出口/GDP	储蓄率	投资率	净出口/GDP
1970	40.05	35.49	1.21	29.03	27.38	-1.47
1980	31.15	31.55	-0.95	20.51	24.23	-4.86
1990	33.40	31.96	0.91	23.10	22.81	-0.06
2000	26.55	25.21	1.45	22.61	21.47	0.31
2008	23.17	22.44	0.19	25.56	18.58	6.30
2009	20.03	20.80	0.37	21.33	17.21	4.92
2010	21.02	19.99	1.19	22.96	17.44	5.62
2011	19.05	20.58	-0.91	23.45	18.13	5.20
2012	18.61	21.17	-1.98	23.18	17.65	5.92

资料来源:世界银行。

1. 危机爆发前的低储蓄率之谜

在历史上，美国居民的储蓄率一直维持在一个较低的水平上（见图5）。根据美国经济分析局（Bureau of Economic Analysis）的最新统计，在1984年之前，美国居民的储蓄率大体维持在10%~15%的水平。从1984年开始，本来已经较低的美国居民储蓄率持续下降。1984年，美国居民的储蓄率是10.6%，到2006年只有3.1%①。同时，美国居民的绝对储蓄额也自1992年的4953亿美元下降到2006年的3170亿美元。需要特别注意的是，美国居民储蓄率的下降是系统性而非暂时性的，并且这种下降趋势是在对外贸易成为中国经济增长的一个引擎之前，也就是说美国储蓄率下降乃至经常项目逆差并非中国高储蓄率和经常项目顺差所致。

美国居民部门储蓄率的系统性下降是危机前几十年美国经济的新变化。这种变化并非没有引起美国学者的关注，他们从统计方法、人口结构、养老体系、财富效应等多个方面进行了分析。首先，被排除的假设就是"和平红利"。"和平红利"的假设认为军事开支的减少使政府部门的储蓄率上升，从而替代了居民储蓄。但是在居民储蓄下降的这段时间

---

① 美国经济分析局新近的数据与以往的数据存在较大出入，主要表现为新近的储蓄显著高于以往的统计。例如，按照以往的统计，2006年美国居民的储蓄率只有0.4%。

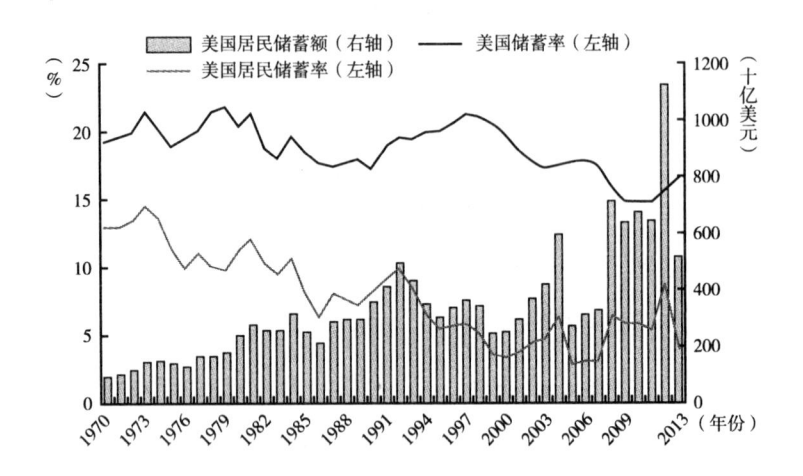

图 5　1970~2013 年美国储蓄率和居民储蓄额

资料来源：Bureau of Economic Analysis, CEIC。

里，美国政府储蓄并未出现趋势性的上升。事实上，美国政府的储蓄除了少数年份（1998~2001 年）为正数，其余年份均为负值。

对美国居民储蓄行为的变化，一个比较普遍的解释集中在人口老龄化和资源的代际转移方面（如 Auerbach et al., 1990；Hurd, 1993；Fledstein, 1995；Gokhale et al., 1996）。根据生命周期理论，随着"二战"后婴儿潮出生的人口进入退休年龄，他们将消费先前的储蓄，从而降低整个居民部门的储蓄率。然而，美国居民部门储蓄率的下降比婴儿潮人口进入退休年龄早了 10 年左右。更重要的是，人口老龄化现象严重得多的欧洲和日本具有比美国高得多的储蓄率。日本是因为1990年泡沫经济危机的影响才出现储蓄率的下降，而欧洲大国并没有出现储蓄率的系统性下降（见表2）。与人口老龄化相关的另一个解释就是政府在不同代际进行的资源转移，例如，政府征税以增加老年人医疗服务的开支。但是，研究发现美国居民部门用在非住房、非医疗服务消费、医疗服务消费和住房服务消费上的开支比例并没有出现系统性的变化。换言之，代际资源转移难以解释居民储蓄行为的重大变化。

还有一类比较特别的解释是，美国居民的储蓄率下降——或相反的，消费率的上升——完全是统计错误。统计错误可能发生在错误地将储蓄统计为了消费（主要涉及耐用消费品的统计），但更可能是因为少计算了收入且多计算了消费（如Reinsdorf and Perozek, 2000; Peach and Steindel, 2000）。收入的少计和消费的多计同国民收入账户中关于私人养老金的处理有关：养老金的缴纳算作储蓄，但是，当雇员退休后，养老金的支取不仅不算作收入，而且，由于需要缴纳资本利得税，而进一步减少了统计上的可支配收入。另外，支取的养老金如果用于消费，还将直接减少统计上的储蓄。不过，根据研究，统计上关于私人养老金的处理至多只影响了30%的储蓄率变化。更重要的是，这种影响不应该产生（统计上的）储蓄率趋势性下降的结果。

要解释美国居民储蓄率的系统性下降，其前提是分析美国

表 3　美国居民的资产和负债结构

单位：%

年份	房地产/总资产	其他有形资产/总资产	存款/总资产	信用市场工具/总资产	公司股权/总资产	机构投资者/总资产	其他资产/总资产	按揭贷款/总负债
1960	23.90	8.31	10.56	6.59	15.70	16.88	18.06	62.88
1970	23.69	8.46	12.53	5.60	15.02	18.82	15.87	59.72
1980	29.01	8.85	13.18	4.43	8.59	16.55	19.40	64.01
1990	29.58	8.36	13.76	6.77	7.63	20.77	13.12	67.38
2000	26.39	6.64	8.72	5.00	15.89	26.11	11.25	65.47
2001	28.46	6.84	9.54	4.72	13.05	25.87	11.51	66.71
2008	27.77	6.93	11.44	7.22	8.29	25.78	12.57	74.08
2009	25.61	6.82	11.09	7.68	10.27	28.00	10.53	74.13
2010	23.76	6.47	10.45	7.62	11.66	29.14	10.89	71.92
2011	23.12	6.58	11.16	7.01	11.55	29.07	11.51	71.33
2012	23.33	6.27	10.89	6.68	12.24	29.07	11.51	69.39
2013	23.30	5.80	10.01	5.99	14.68	29.15	11.08	68.13

资料来源：美联储资金流量表。

居民资产负债的结构。从表3可以看到，美国居民资产负债结构存在三个鲜明的特点。第一，美国居民的资产以权益类（股权和房地产所有权）为主，具有高度的市场敏感性。债权类资产占比很低，不受市场价格影响的资产只占不到10%的存款（事实上其中还有约1/5是货币市场基金）。在直接同市场价格相关的资产中，主要是房地产、直接持有的公司股权和通过共同基金、保险公司和养老基金等机构投资者间接持有的股权，三者合计超过了60%。第二，美国居民的负债主要来自银行的贷款，这部分负债基本不受二级市场价格波动的影响。在银行贷款中，又以住房按揭贷款为主。在危机爆发的2008年和2009年，按揭贷款占全部负债的比重超过了74%。第三，资产方高度的市场敏感性和负债方对价格波动的不敏感意味着，美国居民资产负债的净值必然受到市场价格波动的极大影响。

美国居民部门资产负债表的这种特点意味着：当资产价格保持平稳或上升的时候，净值会稳定，甚至增长较快，因为权益类资产的收益（资本利得和资产增值）必定高于债务的利息支出；而当资产价格下跌，甚至暴跌的时候，权益类资产的资本损失将会增加，甚至剧增，在债务价值基本不变的情况下，净值会下降。由此即产生了一个放大经济景气的机制①：资产价格上涨、净值增加、负债增加、消费上升、储蓄下降。正是在这个机制的推动下，形成了美国居民储蓄率的系统性下降，也正是在这个机制的反向作用下，即资产价格暴跌、净值

---

① Allen and Gale（2000）曾经比较了具有市场导向金融体系的国家（如美国、英国）和具有银行导向体系的国家（如日本、德国）在居民资产结构方面的差异及其影响。他们指出，美国、英国居民的资产组合以广泛分散的股票组合为主，这种资产结构为居民提供了在特定时点上的良好的资产分散功能，但是，对不可分散的风险（Non-diversifiable Risk）——如跨期的系统性宏观经济冲击，这种资产结构将放大冲击的影响；日本、德国居民的资产组合主要是针对金融机构的求偿权（如银行存款），在这种资产结构下，居民资产组合的名义值相对固定，经济景气不会带来财富效应，但是，当遇到系统性的经济下行风险时，则能够提供较好的风险跨期分散功能。

剧降、杠杆率飙升，刺破了美国的经济泡沫。

2. 财富效应、信贷便利性和低储蓄率

财富效应来自居民持有的资产价格的上涨。首先，需要区分个体的经济当事人和宏观经济在储蓄率统计上的差异。对个体的经济当事人来说，消费和储蓄行为不仅依赖当期的工资、利息等收入变量，而且还取决于其持有的资产。可以想象，即使工资和利息收入没有增加，也可以通过售卖股票、房地产等来获得可支配的现金流，从而进行消费。简言之，资产的多寡是影响当事人做出决策的重要变量，而资产的增值一定会推动消费的增加。然而在国民收入统计账户中，资产增值并不被纳入国民收入中。这就导致在居民持有的资产出现趋势性价格上涨的过程中，统计上的储蓄率发生趋势性的下降，而居民据以决策的"储蓄率"并未出现大的变化。

为了进一步说明，我们来解构一下居民的储蓄。从来源看，居民的储蓄就是没有消费掉的可支配收入（收入与税收之差）。对每个经济当事人来说，收入包括两个部分：工资收入和财产收入，财产收入又进一步可以分为资产增值和资本利得（利息、红利）两个部分。因此，对个体当事人来说，储蓄应该是：

$$储蓄 = 工资 + (资产增值 + 资本利得) - 税收 - 消费$$

显然，在储蓄一定的情况下，资产增值与消费的增加存在一一对应的关系。不过，从宏观上看，资产增值是不算入可支配收入的，因为它不是能用于支撑新的投资活动的可贷资金（Loanable Fund）。例如，公司的股价上涨了，但公司要进行新的投资还必须去募集新的资金。所以，在国民收入核算账户里，居民部门的储蓄应该是：

$$储蓄 = 工资 + 资本利得 - 税收 - 消费$$

由于居民据以决策的储蓄方程与统计上的储蓄存在差异，当资产持续增值并引发居民消费持续上升的时候，就可能会出现宏观上的（统计上的）储蓄率持续下降的效应。在图6中，我们给出了美国居民部门的净值（包括有形资产和金融资产在内的全部金融资产与负债之差）变化以及另外一种形式的"储蓄率"——净值的年度增加额与当年可支配收入之比。可以看到，由于美国居民资产结构对市场价格的高度敏感性，在资产价格大幅度上涨时，例如，20世纪90年代后期网络泡沫时期，净值从1994年的27万亿美元飙升到1999年的43万亿美元，同期，净值增加/可支配收入从17%上升到69%（见图6）。在这一时期，美国居民的消费大增，储蓄率从1994年的6.5%下降到1999年的3.6%。相反，在资产价格暴跌的时期，例如，从2007年次贷危机初露端倪到2008年次贷危机演化为全球危机的两年，美国居民的资产净值由2007年的近68万亿美元急剧萎缩到2008年的57万亿美元，缩水幅度超过10万亿美元,而净值增加/可支配收入在2008年跌为负值:-97%(见图6)。由于资产价格的大幅度缩水,美国居民消费大减,储蓄率则从2007年的3.1%飙升到2008年的6.5%。

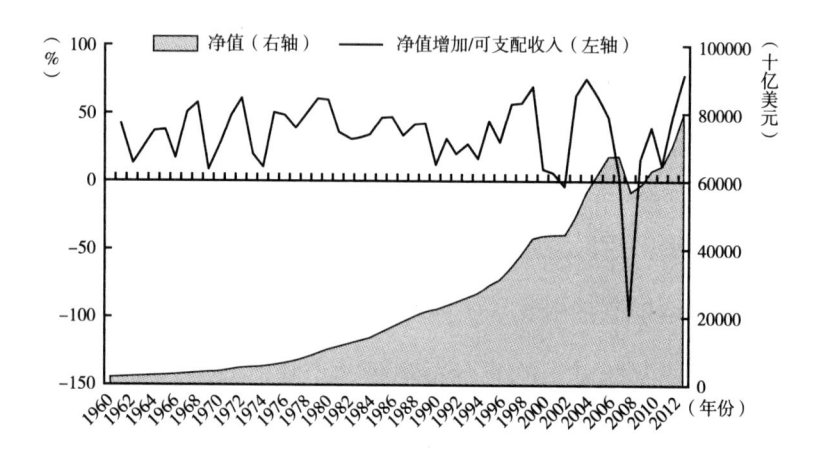

图6 1960~2013年美国居民部门的净值和净值增加/可支配收入

资料来源:美联储资金流量表。

如果扣除资产价格暴涨暴跌的情况,美国居民净值增加/可支配收入的均值大体维持在33%左右的水平。这种基于资产价格上涨的"储蓄"替代了基于可支配收入增加的储蓄,成为美国居民过去数十年间不断降低储蓄率的根本原因之一。例如,有美国学者认为(Lusardi et al.,2001),资产增值解释了美国居民储蓄率下降的50%左右,资产增值替代了常规意义的储蓄。

可是,简单地说"资产增值替代了储蓄"依然会遇到一个难题:如何将资产增值转化为现实的购买力?或者干脆说,增值的资产卖给谁?我们知道,资产只有通过售出转化成现金之后，才能用于支付消费活动。个体的居民可以这样做，但是，如果整个居民部门都售出资产的话，一则会导致资产价格的暴跌，二则也难以找到交易对手。美国居民部门不可能将资产卖给政府和企业部门，因为这两个部门都是赤字部门。那么，是不是国外投资者接手了呢？也不是。以居民部门的主要金融资产——股票为例，根据美联储的资金流量表，从20世纪80年代到2006年，国外部门持有的美国股票市值占比从5%左右上升至不到12%，同期国外部门在美国股市发行的股票市值占比由1.5%左右上升到超过20%。也就是说，国外部门从美国股票市场获得了净融资，而非净买入。总之，美国居民将资产增值转化为现实购买力的办法并不是简单地依靠出售资产，而是依靠抵押资产的借款行为。这就涉及美国居民储蓄率下降的另一个原因——信贷便利性。

信贷便利性包括两个方面的含义：第一，信贷可得性的增强，即更加容易获得信贷的支持；第二，信贷成本的降低。容易获得的低成本信贷是资产增值转化为现实购买力的手段。信贷便利对应于信贷配给。在凯恩斯的消费理论中，当期消费和储蓄依赖当期的收入而不是永久收入，其隐含的假设是信贷配给——居民难以获得信贷的支持，从而无法平滑收入流和消费流。20世纪80年代美国的金融自由化改革极大地缓解了居民的信贷配给约束，由此居民可以越来越容易地通过借贷来进行扩大当期的消费。

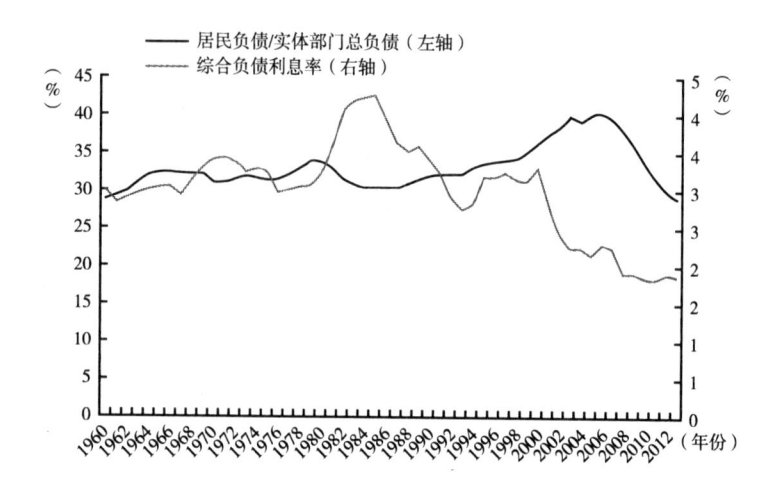

图 7　1960～2013 年美国居民负债比重和综合负债利息率

注："实体部门总负债"指的是扣除金融部门负债后，包括美国居民、非金融企业、政府以及国外部门借用的全部信用市场工具（Credit Market Instrument）的存量，"居民负债"是其中的居民负债存量。

资料来源：美联储资金流量表。

对信贷可得性，我们可以用美国居民负债在全部信用市场工具中的比重，即图 7 中的"居民负债/实体部门总负债"。这个指标反映了整个金融体系对居民的支持，因为它统计了包括按揭贷款和消费贷款在内的所有居民负债，以及这些负债在包括居民、企业、政府和国外部门在内的全部实体经济部门债务融资中的相对份额。可以看到，在 20 世纪 80 年代中期之前，居民负债的比重一直稳定在 30% 多一点的水平。从 20 世纪 80 年代中期开始，面临"脱媒"压力的美国银行业逐渐将信贷业务转向居民部门，居民负债的比重持续上升。至危机爆发前，居民负债已经占实体部门总负债的 40%。

对信贷成本，我们采用的是"综合负债利息率"，它等于美国居民部门的利息支出与居民部门的全部负债之比，因而反映了美国居民全部负债的综合借贷成本。这个指标在1984年最高——达到了3.84%，此后，除了1990年日本泡沫经济危机前期和1997年亚洲金融危机前期曾有过短暂的上升之外，基本上呈现一种趋势性下降的态势。截至2008年，美国居民负债的综合利息率只有1.92%。

3. 危机后的调整：危机前的模式还能持续吗？

美国居民能够保持低储蓄率且不断降低储蓄率的秘诀就在于财富效应和信贷便利性，这两者互为因果：资产价格上涨使居民更愿意借贷、银行更愿意放贷，信贷的增加推动了消费，而消费占了GDP的80%左右（见表2），于是，GDP的增长进一步巩固了资产价格的基本面。这一过程得以延续的条件有两个方面。其一是资产价格，其二是杠杆率水平。一旦资产价格发生逆转，而杠杆率又较高，美国居民部门就可能陷入资不抵债的困境，"去杠杆"就成了必然选择。

在2008年全球金融危机前，我们观察到的恰恰是美国居民部门持续上升的杠杆率。杠杆率有两种计算方法，一种是以存量负债与净值作比较，另一种是以存量负债与可支配收入作比较。无论是哪种方法，在危机前都可以看到杠杆率的持续上升：负债/净值从1984年的14%上升到2008年的24%，同期，负债/可支配收入从65%上升到128%。显然，对比前面有关美国居民储蓄率的变化可以发现，在依靠财富效应和信贷便利性的情况下，杠杆率自1984年的趋势性上升和储蓄率自1984年的趋势性下降是一个事物的两个方面。

现在的问题是在危机爆发后，两个杠杆率发生了不太引人注意的变化：虽然2008~2012年两个杠杆率水平都在下降，反映了美国居民部门"去杠杆"的进程，但是，在2013年负债/净值较2012年继续下降的同时，负债/可支配收入却从2012年的101%上升到2013年的104%（见图8）。

图8　1960~2013年美国居民的负债/可支配收入和负债/净值
资料来源：美联储资金流量表。

两种杠杆率的偏离源于度量借款人信用风险的不同思路。就存量负债/净值而言，其背后的逻辑思路是，只要资产超过了负债，从而净值为正，债务的偿还都是有保障的，因为这里有一个关键假设：债务人可以通过出售资产来还债。如同之前关于"资产增值替代了储蓄"的讨论一样,这样的假设对单个或少量当事人而言无疑是正确的,但是,就美国居民部门总体而言,一个同样的问题就是:美国居民能够同时用出售资产的方式来还债吗?显然不能。事实上,美国居民的存量负债/净值之所以持续下降,不是因为负债规模的下降——2013年的负债规模(13.1万亿美元)只比2008年的规模(13.8万亿美元)有些许减少(见表4),而主要是因为资产价格的上涨,这又得益于美联储"量化宽松"政策推动的股票价格膨胀。回到反映美国居民部门资产负债状况的表3,可以看到,2008年后,与股价直接相关的公司股权和机构投资者资产都有显著上升。

表4 危机后美国居民部门主要指标变化

单位:十亿元美元,%

年份	居民负债	净值	可支配收入	可支配收入增速	工资收入增速	财产收入增速
2007	13829.97	67752.81	10726.60	4.60	4.28	-4.03
2008	13848.70	57179.76	10858.70	1.23	-0.81	-2.30
2009	13574.21	58920.22	11050.50	1.77	-1.75	6.62
2010	13198.31	63354.17	11513.70	4.19	3.57	3.38
2011	13017.34	64763.27	11931.60	3.63	2.81	11.05
2012	12979.62	70862.84	12829.20	7.52	6.80	5.07
2013	13105.12	80663.71	12623.60	-1.60	0.76	7.65

资料来源:美联储资金流量表。

存量负债/可支配收入的逻辑是,如果债务人没有其他偿债资金,他是否能用当期的收入偿还当期的债务(本金)。上面已经阐述,由于无法整体性地变卖资产,加之资产价格的上涨源于美联储的人为刺激,因此衡量美国居民部门信用风险的更为合理的指标应该是净值/可支配收入。从表4可以看到,之所以负债/可支配收入在2013年上升,其原因就在于美国居民的可支配收入的下降,而可支配收入的下降又主要在于占可支配收入70%以上的工资收入增速大幅度趋缓——尽管财产收入的增速高于2012年。

总之,以负债/净值和负债/可支配收入统计的杠杆率差异表明,危机后的"去杠杆"进程主要是靠美联储量化宽松政策推动的资产价格再膨胀,而居民部门的负债并无明显减少。从居民部门的工资收入及其背后所反映的就业情况看,自2008年以来的"去杠杆"缺乏实体经济的基础。

第四节 美元霸权的衰落:被腐蚀的信用

上节指出,财富效应和基于此的债务融资推动了美国居民储蓄率的系统性下降和以消费为主导的经济增长。从这一点看,这次危机的机制与历史上资产泡沫膨胀、过度负债引发的其他危机并无二致。在危机前,美元霸权支撑了美国居民持续扩大的消费,使世界上唯有美国居民能够将储蓄率降至如此之低的水平。但是在危机之后,美元作为信用货币,其信用已经完全被腐蚀了,仅依靠扩张的财政货币政策无法挽救美元的霸权地位。

1. 危机前美元的信用基础:居民部门

在不兑现的信用货币体制下,任何一种货币的发行必然对应于某个经济部门的负债,如中央银行通过购买政府债券发行的基础货币对应的是政府部门的负债,商业银行通过向企业或者居民发放贷款创造的派生货币对应着企业或者居民的负债,这些负债主体的偿债意愿和偿债能力构成了信用货币的信用基础。

在美国维持长期的经常项目逆差和负的国际投资净头寸的情况下,不考虑实物资产,美国三大实体经济部门——居民部门、非金融企业部门和政府部门都处于净额的负债状况,而这三大部门在负债中的比重就揭示了美元的信用基础。为此,我们将美国包括银行贷款、证券化产品、债券在内的全部债务类型工具——信用市场工具(Credit Market Instruments)——按照三大部门进行了分类(见图9)。可以看到,美国的非金融

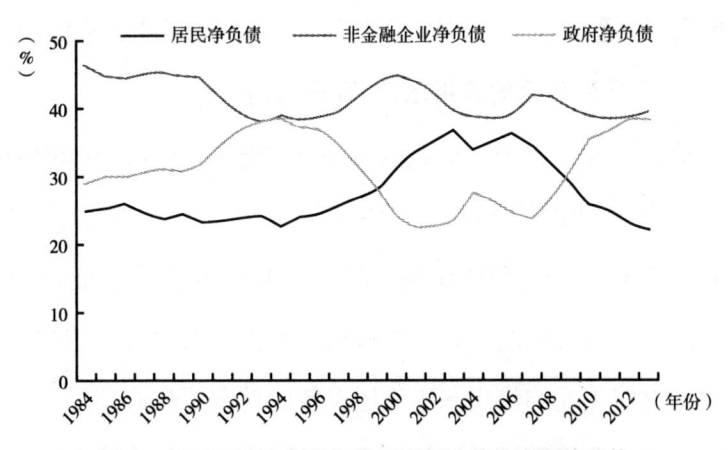

图9 1984~2013年美国信用市场工具的净负债结构

资料来源:美联储资金流量表。

企业部门在全部负债中的比重大体保持在40%左右的水平，发生变化的主要是居民部门和政府部门。

从1984年——美国居民储蓄率趋势性下降的头一年——到1994年，美国居民部门的负债比重一直维持在23%左右的水平。可以说，这段时间美国居民的储蓄/消费模式尚属健康。从1995年开始，受信息技术革命的刺激，居民部门的负债比重持续上升，到2000年超过了政府部门的比重，直至危机爆发前最高达到整个实体部门负债的36%。美元信用来源结构的这种变化是美国借贷消费模式的自然反映，问题在于，居民的负债最终依靠收入来偿还，而当负债主要用于支持消费而不是资本积累的时候，居民收入的增加最终只能依靠技术的进步。所以，对消费占绝对主导地位的美国经济，技术的持续进步是关键。技术进步一旦停滞，将严重影响居民的收入和偿还能力，形成债务过度累积的金融危机，而这同样也是作为信用货币的美元的危机。

2. 危机后美元的信用基础：政府部门

危机爆发后，美国居民的负债比重急剧下滑，到2013年跌回到1995年前的水平。与此同时，政府负债比重迅速上升，2009年超过了居民负债比重，2012年接近非金融企业负债占比。政府负债比重的上升是危机后美国扩张的财政政策的自然结果，这使美元的信用基础从居民部门转向了政府部门。如果说之前基于居民部门负债的信用基础不牢靠，那么现在基于美国政府部门的信用基础又如何呢？这就需要进一步考察美国政府部门的资产负债表和收支结构。

美国政府资产负债表从存量角度揭示了美国财政状况的恶化程度。从表5可以看到,截至2013年,美国政府的金融负债较危机前的2007年增加了近10万亿美元,增长了近1倍。2013年,美国政府的金融负债已经相当于美国GDP的122%,较2007年上升了46个百分点。与此同时,美国政府的资产只增加了2万亿美元,而且增加的资产主要是流动性差的非金融资产。负债的快速增加使美国的净值在2009年转为负值,2013年美国政府的净值是负的4.7万亿美元,相当于GDP的28%。如果将流动性差的非金融资产刨除,美国政府的金融净值在2013年是负的17.6万亿美元,相当于GDP的105%。

表5 美国政府资产负债表

单位:十亿美元

年份	净值	金融净值	非金融资产	金融资产	金融负债
2001	1819.30	-4745.40	6564.70	2053.70	6799.10
2002	1204.30	-5653.60	6857.90	2098.40	7752.10
2003	1102.70	-6052.10	7154.80	2173.40	8225.50
2004	509.00	-7430.90	7939.90	2294.10	9725.00
2005	890.80	-7794.70	8685.50	2449.40	10244.10
2006	1726.60	-7861.20	9587.80	2627.70	10488.90
2007	2185.20	-8149.20	10334.40	2839.00	10988.30
2008	515.60	-10506.90	11022.50	3039.20	13546.10
2009	-1357.20	-12442.30	11085.10	2707.70	15150.00
2010	-2905.40	-14420.40	11515.00	2846.70	17267.10
2011	-4126.10	-16250.50	12124.40	2500.20	18750.70
2012	-4841.30	-17349.30	12508.00	2554.60	19903.90
2013	-4708.50	-17615.60	12907.10	2836.40	20452.00

资料来源:CEIC。

美国政府的收支结构从流量的角度说明美国财政状况还将继续恶化（见表6）。从美国政府的支出结构看，这是典型的"吃饭财政"：社会福利开支和人员费用两项占了全部支出的60%以上。危机之后，随着扩张财政政策的推出，"吃饭财政"的支出规模不断扩大。其中，增加最快的是社会福利开支，这一项在全部支出中的占比不断上升，2001年是34%，2007年是35%，到了2013年接近40%。从美国政府的收入结构看，第一大收入来源是税收，占全部收入的60%以上；第二大收入来源是社会福利缴纳费用，在全部收入中超过20%。危机爆发后，美国政府曾经短暂地实施了"减收增支"的财政政策搭配，但是随着赤字的扩大，从2011年开始转向了"增收增支"。由于刚性的"吃饭财政"，特别是刚性的社会福利开支，财政收入的增加也难以改善美国的财政状况（见图10）。一方面，随着税收收入的增加 美国财政赤字/GDP由2009年和2010年的10%以上下降到2013年的近6%，另一方面，社会福利赤字（社会福利开支减去社会福利缴纳）与GDP之比依然高达8%。实际上，美国的赤字主要是由社会福利的亏空造成的。例如，在2013年，全部财政收支的赤字是9600亿美元，而社会福利赤字则高达13070亿美元。换言之，社会福利收支之外的财政项目盈余补贴了社会福利收支的亏空。在第二章中我们将看到，美国已经于2002年和2006年分别进入了人口的一阶拐点和水平拐点，老龄人口比重的持续上升意味着未来社会福利开支还将继续增加,而社会福利缴费将因劳动年龄人口比重的持续下降而不断减少。在现有的社会福利体制下,社会福利赤字只会增加,不会减少。

表6 美国政府收支状况

单位:十亿美元

年份	收入	税收	社会福利缴纳	支出	人员费用	社会福利开支
2001	3412	2199	737	3425	984	1151
2002	3269	2035	755	3631	1050	1256
2003	3355	2078	783	3868	1119	1327
2004	3596	2242	834	4095	1186	1411
2005	4013	2581	878	4395	1243	1498
2006	4371	2846	927	4624	1301	1601
2007	4584	2990	966	4917	1370	1706
2008	4442	2811	993	5296	1442	1863
2009	4095	2457	969	5734	1492	2118
2010	4304	2630	989	5921	1546	2251
2011	4513	2877	923	6017	1554	2277
2012	4718	3060	955	6091	1563	2335
2013	5174	3234	1111	6135	1567	2418

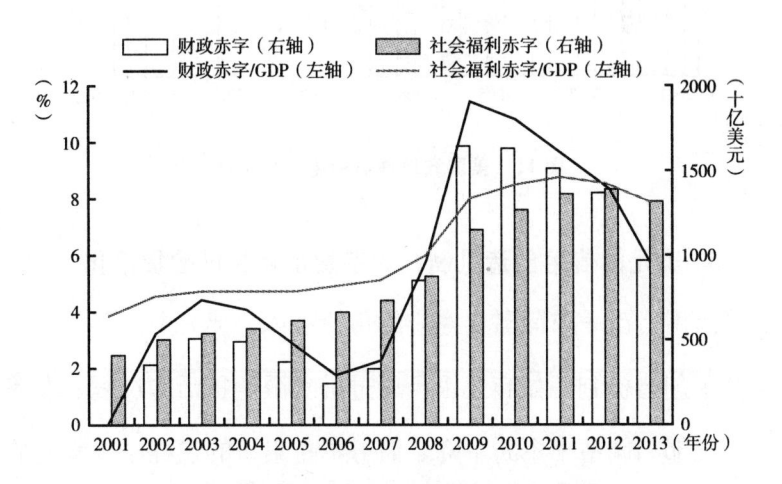

图10 美国财政赤字和社会福利赤字及与GDP之比

此外，美国财政赤字/GDP 在短时间内的下降还得益于量化宽松的货币政策。图 11 显示，在美国政府债务规模不断膨胀的同时，由利息支出计算的隐含利息率却在下降，这是控制美国财政赤字的一个重要法宝。这种状况一方面说明，美国量化宽松的货币政策难以轻易退出，另一方面也预示，一旦市场预期发生转变，例如，如果通货膨胀预期加强进而导致名义利率上升，财政赤字就将迅速上升，而经济将陷入 20 世纪 80 年代一样的"滞胀"中。

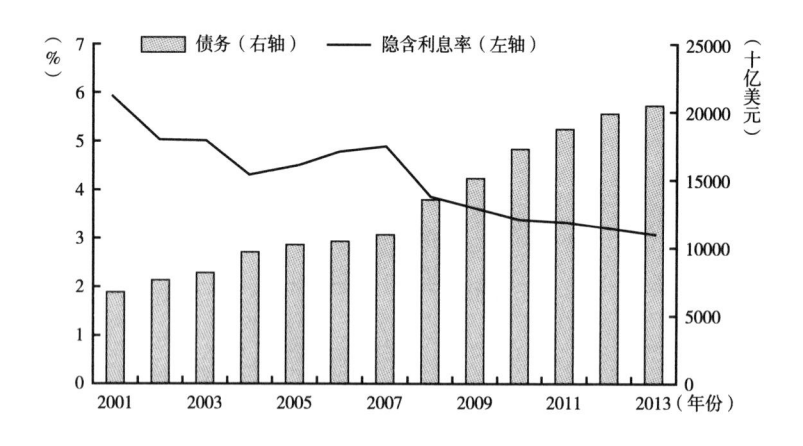

图 11 美国政府债务和隐含利息率

3. 美元的信用创造机制：赤字货币化和风险货币化

信用货币一方面需要对应的负债主体，另一方面又依赖一套信用创造机制，如商业银行通过贷款派生货币的过程。在美国居民部门储蓄率不断下降、债务不断累积的过程中，美元的信用基础肯定会发生变化，而用于支持美国居民借贷消费的金融创新必然会改变美元的信用创造机制。

在任何一个经济体中,信用的创造都来自金融部门:通过吸收存款(主要是银行类金融机构)或发行债务融资工具(主要是非银行金融机构),金融部门向实体经济部门提供债务融资。在扣除存款这种流动性工具之后,金融部门的债权必然大于债务,即净信用的提供者。国外部门是净信用的提供者还是债务主体取决于资本项目的状况:如果资本项目是顺差,则国外部门为本国提供了债务融资,因而是净信用的提供者;反之则相反。

在美元的信用创造机制中,美国的金融部门和国外部门均为净信用提供者(见图12)。1984~2008年,由于持续的资本项目顺差,国外部门提供的净信用比重由2%多一点持续上升到21%强。但在危机后,国外部门的比重徘徊不前,甚至有

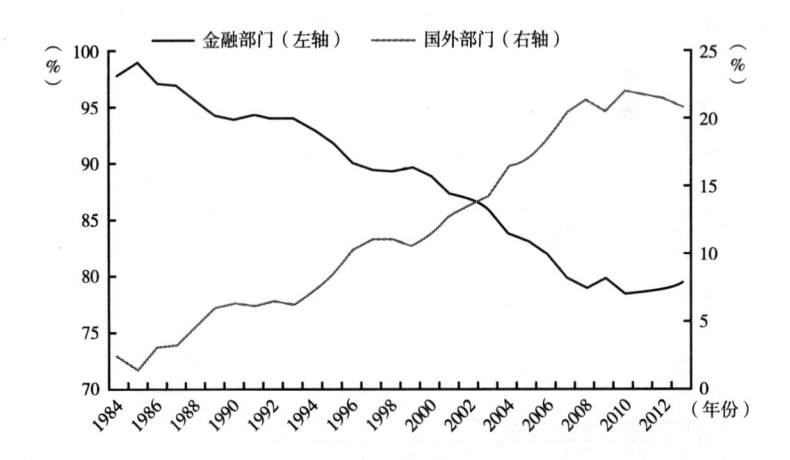

图12 1984~2013年美国信用市场工具金融部门(左轴)和国外部门(右轴)净债权的比重

下降趋势。结合美国国际投资头寸的状况，这说明，其他国家已经在警惕美国的债务风险。

在国外部门为美国提供债务融资的动力下降的情况下，美国国内金融部门的信用创造能力就至关重要了。我们进一步将美国金融部门分为三类机构：美联储、银行类机构和非银行金融机构，以考察这三类机构在金融部门净信用中的份额（见图13）。可以看到，随着保险、养老基金、共同基金等机构投资者和证券化的发展，非银行金融机构的份额从1984年持续上升，并在20世纪90年代初超过了银行类机构。而在20世纪80年代，整个银行类机构一直面临"脱媒"的压力。直至20世纪90年代，在银行业务模式从"放贷—持有"转向基于资产证券化的"放贷—分销"之后，银行的份额才稳定下来。

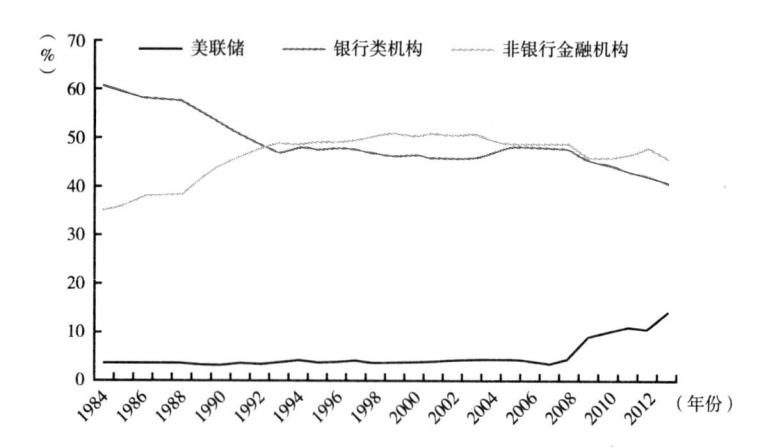

图13 美国金融部门净信用创造的份额

2008年金融危机爆发后,原先稳定的信用提供份额发生了变化。由于自身资产负债表存在问题和以居民为主的债务人风险提高,美国的银行开始惜贷,其信用份额从危机前的近50%下降到40%。替代银行的就是实施量化宽松政策的美联储,其持有的债务资产从2008年的不到1万亿美元急剧膨胀至2013年的近3.8万亿美元,在整个金融部门净信用份额的比重从2008年的不到5%上升到2013年的14%强。

美联储的量化宽松政策在本质上就是中央银行替代了商业金融机构,直接向实体经济提供信用。所以美联储同样面临一个在以往中央银行都不需要考虑的问题——资产负债表的健康。表7显示,在危机爆发前的2007年,国债占美联储债权类资产的100%。从2008年开始,美联储国债的规模大增,同时美联储还大量地购买信用品质存疑的证券化资产。2013年,美联储购买的国债和证券化资产分别达到2.2万亿美元和1.5

表7 美联储资产扩张规模和结构

单位:十亿美元,%

年份	信用市场工具	国债	证券化	国债占比	证券化占比
2007	740.61	740.61	0.00	100.00	0.00
2008	986.04	475.92	19.71	48.27	2.00
2009	1987.67	776.59	1068.25	39.07	53.74
2010	2259.15	1021.49	1139.60	45.22	50.44
2011	2635.61	1663.45	941.68	63.11	35.73
2012	2670.15	1666.15	1003.45	62.40	37.58
2013	3756.26	2208.78	1547.38	58.80	41.19

资料来源:CEIC。

万亿美元，后者占美联储债权资产的比重高达 41%。美联储的这种购买行为表明，美元的信用创造机制一手依靠的是财政赤字的货币化，另一手靠的是信用风险的货币化。

第五节 阴阳经济学[①]：美元霸权的阴气

中国古代哲学将世界分为阴、阳两面，阴为暗，阳为光。对一个人来说，"阳盛则外热，阴盛则内寒"（《素问·调经论》）。经济也是如此。市场经济之所以能够繁荣，完全肇始于经济当事人对利润最大化和财富创造的追求——这是市场经济的"阳气"，它决定了经济的阴阳转换（见图 14）。

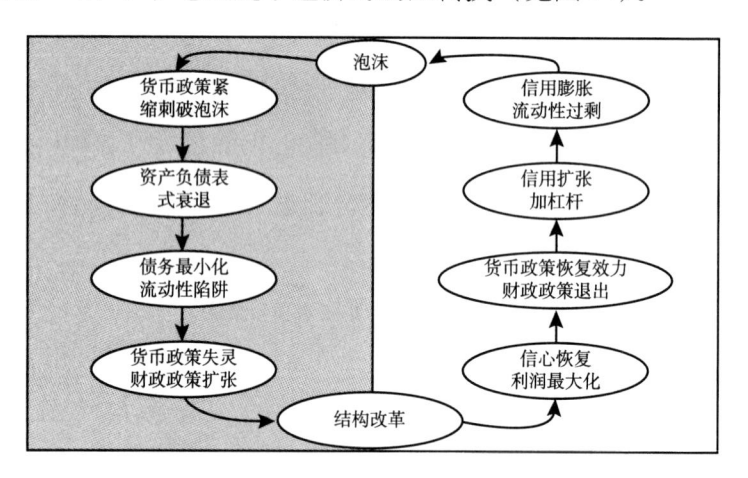

图 14 经济周期的阴阳两面

---

① "阴阳经济学"（Yin-yang Economics）源自日裔经济学家 Richard C. Koo 的 The Holy Grail of Macro Economics 一书，但笔者以为，他那里对阴阳转换机制的理解有误，这里做了修改。

在经济的阳面，经济当事人的资产负债表非常健康，经济当事人对利润的追逐推动了信用扩张和经济繁荣，甚至导致信用膨胀、流动性膨胀乃至流动性过剩。此刻，教科书上传授的所有经济机制都有效。而在经济的阴面，泡沫破裂导致杠杆率飙升，为恢复资产负债表的健康，经济当事人追求的是债务最小化（即"去杠杆"）。此时，经济陷入流动性陷阱。如同凯恩斯在《通论》中论述的那样，在流动性陷阱中，货币政策无效；至于财政政策，从日本20多年半死不活的情况看，也只能起到维持总需求的作用。经济从阳面转向阴面是因为泡沫的形成和破裂，而要将经济再次从阴面转到阳面就必须进行结构改革。只有这样，才能恢复市场经济赖以繁荣的"阳气"。

危机之后美元信用基础和信用创造机制的变化是扩张的财政货币政策的自然结果。事实上，希冀以这种手段来恢复经济的并非美国一家。自20世纪90年代陷入泡沫经济危机起，在长达20多年的经济衰退中，日本也屡屡尝试类似的手段。新近上台的安倍政权一方面在军事政治上紧紧跟随美国的政策，另一方面在经济政策上也效仿美国，将扩张的财政和货币政策作为所谓的"安倍经济学"的两个支柱。但是，如果"安倍经济学"的第三个支柱——结构改革——没有动静，扩张的财政货币政策也无法将经济由"阴"转"阳"。

对渴望保持美元霸权的美国来说，恢复"阳气"的结构改革就是以提高储蓄率为目的的关键措施，包括约束金融部门的信用膨胀、降低过高的福利水平（如提高养老金税率、降低工资替代率、推迟退休等）、减少军费开支等，最终扭转美国经济对消费的过度依赖。但是，结构改革很痛苦，需要强有力的领导和高效的国家治理体系，而美国似乎没有这样的条件。

参考文献

Allen, F., and D. Gale., 2000. Comparing Financial System. The MIT Press.

Auerbach, Alan J., 1990. U. S. Demographics and Saing: Predicions of Three Saving Models. NBER Working Paper, www. nber. org.

Bernanke, B., 2005. The Global Saving Glut and the U. S. Current Account. Remarks at the Sandridge Lecture, Virginia Association of Economics, Richmond, VA, March 10.

Caballero, R., E. Farhi and Pierre-Olivier Gourinchas, 2006. An Equilibrium Model of "Global Imbalances" and Low Interest Rates. NBER Working Paper.

Caballero, R., 2008. Financial Crash, Commodity Prices and Global Imbalance. NBER Working Paper.

Caballero, R. and Arvind Krishnamurthy, 2009. Global Imbalances and Financial Fragility. NBER Working Paper.

Caballero, R., 2010. The "Other" Imbalance and the Financial Crisis. NBER Working Paper.

Chinn, M., B. Eichengreen and H. Ito, 2011. A Forensic Analysis of Global Imbalances. NBER Working Paper.

Fledstein, Martin, 1995. Social Security and Saving: New Time Series Evidence. NBER Working Paper, www. nber. org.

Gokhale, Jagadeesh, Laurence J. Kotlikoff and John Sabelhaus, 1996. Understanding the Postwar Decline in U. S. Saving: a Cohort Analysis. NBER Working Paper, www. nber. org.

Hurd, Michael D., 1993. The Effects of Demographic Trends on Consumption, Saving and Government Expenditures in the U. S. NBER Working Paper, www. nber. org.

Ito, H. and M. Chinn, 2007. East Asia and Global Imbalances: Saving, Investment and Financial Development. NBER Working Paper.

Lusardi, Annamaria, Jonathan Skinner and Steven Venti, 2001. Saving Puzzles and Saving Policies in the United States. NBER Working Paper, www. nber. org.

Mendoza, E. G., V. Quadrini and Jose-Victor Rios-Rull, 2007. Financial Integration, Financial Deepness and Global Imbalances. NBER Working Paper.

Reinsdorf, Marshall and Maria Perozek, 2000. Alternative Measures of Personal Saving and Measures of Change in Personal Wealth. Mimeo, Federal Reserve Board of Governors, Washington DC, November.

Peach, Richard and Charles Steindel, 2000. A Nation of Spendthrifts? An Analysis of Trends in Personal and Gross Saving. *Current Issues in Economics and Finance*, 6, pp. 1 – 6.

Richard C. Koo, 2009. *The Holy Grail of Macroeconomics: Lessons from Japan's Great Recession.* John Wiley & Sons (Asia) Pte. Ltd.

Taylor, J., 2009. The Financial Crisis and the Policy Responses: an Empirical Analysis of What Went Wrong. NBER Working Paper.

第二章

中国的人口红利：拐点来临？

第一节 引言：从"双顺差"说起

自 1760 年第一次工业革命以来的 250 年间，从未有一个大国能够像我国这样保持 30 年、年均近 10% 的高速经济增长。我国由此从一个"一穷二白"的落后国家一跃成为世界第二大经济体，按人均收入水平业已进入上中等收入国家的行列。这样的奇迹不免让一些人产生自满的情绪，以为过去 30 年的高速增长，即使有些许放缓，也将持续若干个十年；这样的奇迹也不免让一些人感到不安，担忧高速行驶的经济会因某个障碍突然停下。2008 年全球金融危机爆发后，这种担忧愈发严重。

坦白地说，危机前建立在美元霸权基础上的全球货币金融体系尽管弊端重重，我们总体上还是从中受益的——我们获得了经济发展所需要的国际市场和境外资本，全球货币金融体系的稳定也让我们可以放心地储存我们的劳动果实。对此，我们可以从学术界曾经长期困惑的一个现象说起："双顺差"。双顺差即经常项目和资本金融项目同时发生的顺差。一般来说，一国如果经常项目出现顺差，则顺差部分用于对外投资，就会同时出现资本项目的逆差；反之，如果经常项目出现逆差，则资本项目就会出现顺差，以为经常项目逆差融资。但是，我国从1994年开始，除了1998年受亚洲金融危机冲击的影响之外，所有年份经常项目和资本金融项目均同时存在顺差（见图1）。对这种双顺差现象，曾经有过诸多复杂的解释。事实上，从以下我们将要分析的人口红利的角度，这种现象就非常简单了：它既是人口红利的结果，也说明了人口红利需要的两个外部条件——外部的市场和外部输入的资本。

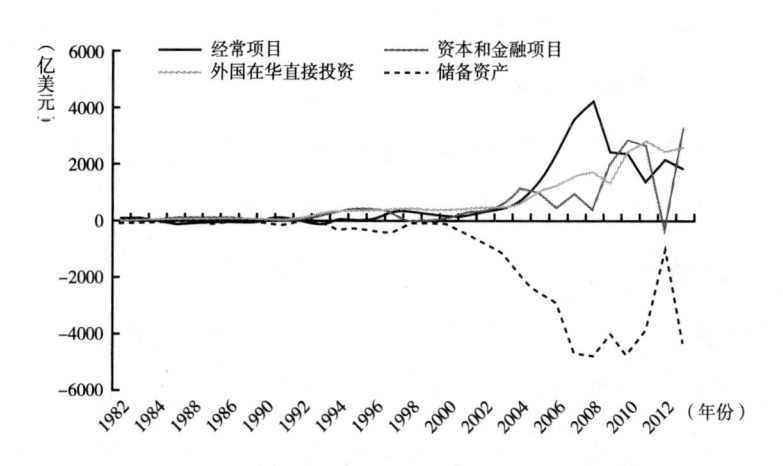

图1　我国国际收支主要项目变动情况

资料来源：CEIC。

人口红利需要的第一个外部条件就是外部的市场。大量的农村、农业劳动力向城市和非农产业的转移推动了非农产业，尤其是可贸易部门产能的提高，与此同时，由于经济发展水平和收入水平较低，国内需求无法全部吸收产能扩张所形成的总供给。因此，外部市场对国内产品供给的消化吸收就至关重要。没有外部市场持续扩张的吸收能力，就不会有我国持续上升的经常项目顺差，也就不会有持续的劳动力转移乃至人口红利。

人口红利的第二个外部条件就是外部输入的资本。人口转变过程中形成的富余劳动力只有同资本相结合，才能形成生产能力，推动经济增长。在几乎所有的发展中国家，经济起飞所需要的资本几乎无一例外地来自国外，我国也是如此。可以看到（见图1），资本和金融项目呈现的持续顺差主要与国外在华直接投资（FDI）有关。实际上，即使在"双顺差"短暂变化的1998年，当资本和金融项目因短期资本外逃而出现逆差的时候，国外来华直接投资依然保持增长的态势。长期、持续增长的FDI使外商投资企业成为我国经济对外开放的主体部分：外商投资企业的出口和进口占我国全部出口和进口的比重长期在50%以上（见图2）——当然，在第四章中我们会看到，这也构成了人民币成为全球关键储备货币的障碍。除了市场和资本两个条件之外，"双顺差"还隐含了人口红利的另外一个条件：稳定的国际货币金融体系。长期、持续的经常项目和资本金融项目的顺差对应长期、持续的储备资产的增长。从 1994 年开始，我国每年增加的储备资产就跃升到百亿美元的量级，2003 年开始进一步跃升到千亿美元的量级，到全球金融危机爆发的 2008 年，则上升到历史最高的近 4800 亿美元的规模。1982～2013 年，我国累积的储备资产达到了近 3.9 万亿美元。

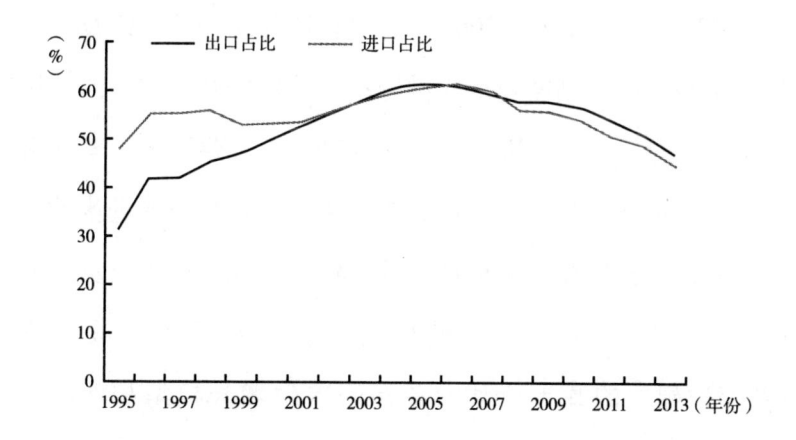

图 2　外商投资企业进出口占所有类型的企业进出口的比重
资料来源：CEIC。

在危机后，上述市场、资本和稳定的储值手段等三大有利因素即使没有完全消失，也受到了严重的影响。除了外部环境的变化之外，我国经济增长的内部因素也在发生深刻变化，其中最受到关注的就是与人口红利消失相关的所谓的"刘易斯拐点"。外部是危机，内部是拐点。内忧外患之下，我国经济是否会因此"崩溃"呢？回答这个问题，需要首先回顾一下中国经济成功的故事。

第二节 中国经济成功的故事：人口红利

中国经济成功的故事存在许多版本。例如，有对政府治理和制度变革的分析，如钱颖一（2003）的"中国特色的联邦主义"论、周黎安（2007）的"官场升迁"论，以及王小鲁（2000）关于制度变革的讨论；有从技术进步和产业结构变迁角度的分析，如刘伟和张辉（2008）对要素生产率（劳动生产率和全要素生产率）的结构变迁效应和技术进步效应的分析，赵志耘等人（2007）对"资本体现式技术进步"的测算；有基于内生增长模型的讨论，如李扬和殷剑峰（2005）建立的基于劳动力转移的内生增长模型和课题组（2006）关于"干中学"的分析；等等。不过，所有这些解读似乎都可以在这样一个现象的基础上予以融会贯通：人口转变。

1. 人口转变和人口红利

根据人口转变理论（Demographic Transition Theory）（Bloom, Canning and Sevilla, 2001；蔡昉，2010），伴随着经济的发展，人口再生产会经历三个阶段。第一，高出生、高死亡、高增长阶段。这一阶段的高死亡率反映了落后贫困的经济和恶劣的医疗卫生状况。第二，高出生、低死亡、高增长阶段。在这一阶段，经济和医疗卫生条件得到改善，死亡率下降，但较高的幼儿抚养比压制着经济的腾飞。第三，低出生、低死亡、低增长阶段。在从第二个阶段到第三个阶段的演变过程中，会产生一个重要的人口结构变化：生育率的下降使幼儿抚养比下降，同时，老年抚养比还未及上升，这使总抚养比下降、劳动年龄人口比重上升——这构成了人口红利（Demographic Dividend）的必要条件。在中国，劳动年龄人口比重的显著上升始于1976年——在此之前一直维持在56%左右的水平上，而改革开放的"元年"——1978年"恰好"也是中国劳动年龄人口比重开始超过全球水平的年份，此后该比重经历了两轮上升周期（1976~1995年和1996~2010年），直至2010年超过72%（见图3）。

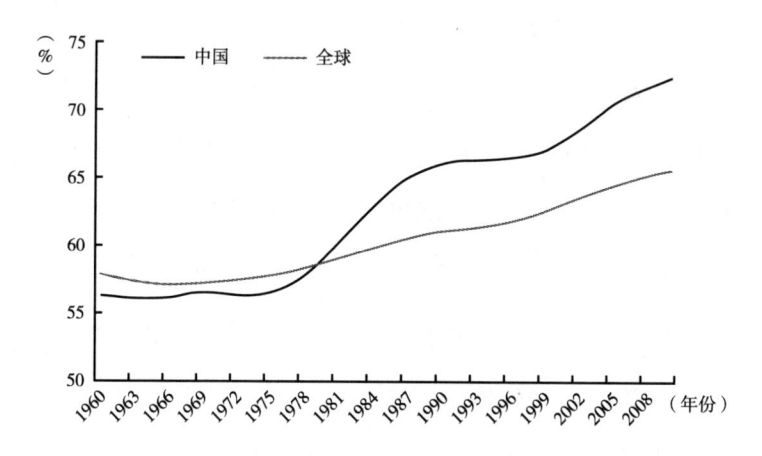

图3 1960~2010年劳动年龄（15~64岁）人口比重

资料来源：世界银行。

在适当的前提条件下,劳动人口比重的上升会产生三个效应:首先是劳动力供给的增加——需要补充的是,如发展经济学所说,增加的劳动力如果依然集中在边际产出几近为零的传统农业部门,就不会成为促进经济增长的有效供给;其次,如果劳动力能够获得非农产业的就业机会,则储蓄率、投资率会上升——这又反过来促进有效劳动力的形成;最后,人口预期寿命的延长和收入的上升会提高人们对人力资本的重视以及获得教育从而积累人力资本的能力,从而加快技术进步。这三个效应的叠加就是"人口红利"。

2. 增长动力:劳动力供给效应

从国内的研究看,人口转变的劳动力供给效应得到了更多的关注,如蔡昉(2008)关于人口转变与劳动力供给的分析,课题组(2006,2007)关于劳动力供给与"干中学"的讨论。劳动年龄人口比重上升产生的劳动力供给效应在图4中得到了直观的反映:1976年,中国的非农就业比重摆脱了20%的历史均值,之后持续上升,至2010年超过了60%。简单的线性回归分析表明,在此期间,劳动年龄人口比重每上升1个百分点,对应的非农就业比重就上升2.3个百分点左右。如李扬和殷剑峰(2005)的分析,劳动力的转移、即非农就业比重的持续上升产生了AK式的内生增长。然而,如Bloom等人(2001)所说,人口红利并非必然,它的出现依赖恰当的政策措施——改革。改革的效应可以从非农就业比重一阶差分的变

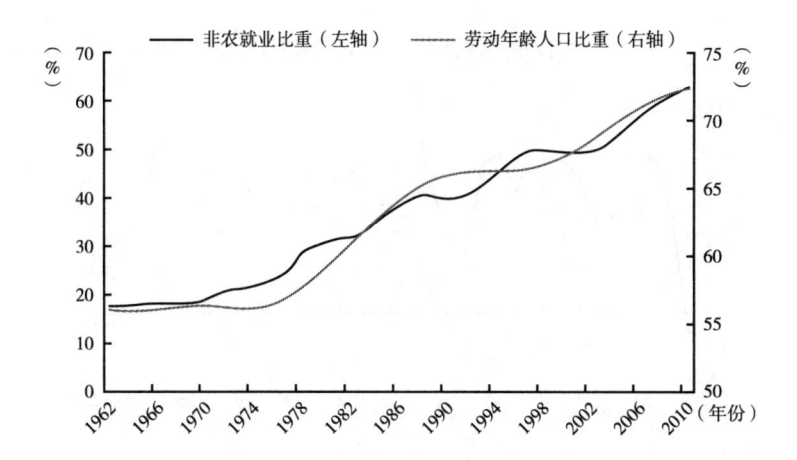

图 4　中国劳动年龄人口比重和非农就业比重

资料来源：根据世界银行和《中国统计年鉴》数据计算。

化中观察到①。在图 5 中，我们可以看到，1976～2010 年，非农就业比重有四个跳跃和波动周期，这四个周期又分别对应着四个重要的改革阶段：1978 年，十一届三中全会召开，非农就业比重跃升了 3.8 个百分点；1984 年，十二届三中全会召开，非农就业比重跃升了 3 个百分点；1993 年，十四届三中

---

① 在人口转变的过程中，中国的改革推动了人口红利的形成。但是，从另一个角度看，改革也是在人口结构变化产生的就业压力下展开的。就业压力首先来自 1976 年开始、1978 年达到高潮的"知青返城"运动。对当时的情形，作家梁晓声在小说《今夜有暴风雪》中有一段栩栩如生的刻画："知识青年大返城的飓风，短短几周内，遍扫黑龙江生产建设兵团。某些师团的知识青年，已经十走八九。四十余万知识青年的返城大军，犹如钱塘江潮，势不可挡。一半师、团、连队，陷于混乱状态。"大量的知青返城客观上要求打破城市里的"一大二公"、发展非公经济，因此，其意义堪比安徽小岗村的承包责任制。

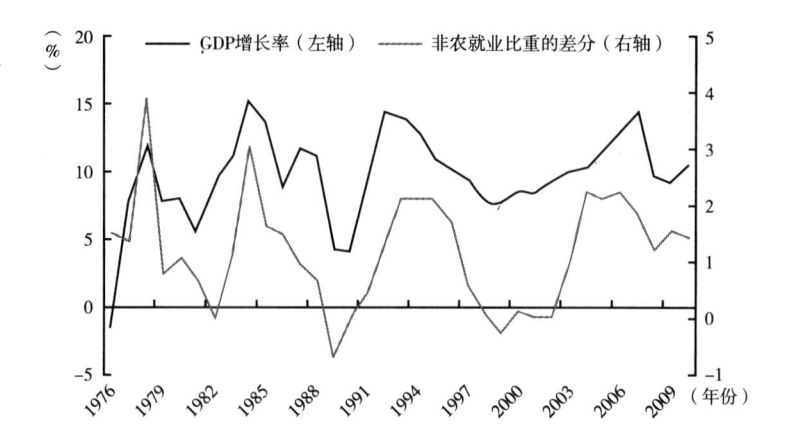

图 5 中国 GDP 增长率和非农就业比重的差分

资料来源：根据《中国统计年鉴》数据计算。

全会召开，非农就业比重的增幅从 1993~1995 年连续 3 年在 2 个百分点以上；从 1999 年到 2001 年推出了系列重大改革开放措施（如住房体制改革、国有企业和国有银行改革、加入 WTO 等），这些改革和开放措施的红利随后逐步释放，并在 2004 年到 2006 年间得到集中体现——在这三年中，非农就业比重的增幅再次如 20 世纪 90 年代那样连续 3 年保持在 2 个百分点以上[1]。事实上，劳动力转移不仅构成了经济内生增长的基础，也构成了经济周期性波动的基本机制。如图 3 所示，上述四个劳动力转移的波动周期正好对应着自 1976 年以来的四个经济周期，而进入 21 世纪后中国经济周期的拉长同劳动力

---

[1] 关于这四个重要改革阶段的具体内容，已经有诸多党的文件和各类文献阐释，在此不再赘述。

转移周期的拉长密切相关（殷剑峰，2006）。

3. 增长动力：储蓄和资本积累效应

上述文献主要关注的是人口结构变化带来的劳动力供给效应，人口红利的另一个部分——高储蓄以及以此为基础的高投资——似乎没有得到足够重视。在笔者看来，储蓄率和投资率的上升更重要。原因有三个方面：其一，在中国这样的发展中经济体，劳动力丰富，但资本稀缺，因此，资本宽化（Capital Widening）和资本深化（Capital Deepening）是走出"人口陷阱"和"贫困陷阱"进而推动经济增长的基本前提——在发展经济学中，这被称作"资本原教旨主义"（Capital Fundamentalism）（波金斯等人，2006）；其二，劳动力的转移，即劳动力供给效应，只有在劳动力能够与资本相匹配，从而加入非农产业的生产过程中才能实现；其三，正如后面将要看到的，当前我国经济增长模式遭遇的拐点（"刘易斯拐点"和"人口拐点"）一方面与人口老龄化和劳动力相对减少有关，另一方面则与储蓄率和投资率的趋势性变化相关，因为储蓄和投资决定了经济增长的另一个动力：资本积累。

图6显示，伴随劳动年龄人口比重的上升，中国的储蓄率和投资率也划过了类似的轨迹。利用简单的线性回归可以发现，劳动年龄人口比重每上升1个百分点，储蓄率会上升1.2~1.5个百分点。同时，由于储蓄构成了投资的基础，储蓄率每上升1个百分点，投资率会上升0.5~0.6个百分点。

图 6　劳动年龄人口比重和储蓄率、投资率

资料来源：根据《中国统计年鉴》数据计算。

与其他处于类似发展阶段的国家进行比较，我们也可以看到，高储蓄和高投资的作用甚至比劳动力供给效应更有力。如表 1，在 1981～2010 年的 3 个十年中，中国的 GDP 增长率显著高于印度和巴西，与此同时，中国的劳动年龄人口比重只是

表 1　中国、印度、巴西人口和经济指标比较

单位：倍数

	年份	储蓄率	投资率	劳动年龄人口比重	GDP增长率	人均 GDP
中国/印度	1981～1990	1.75	1.61	1.11	1.68	0.84
	1991～2000	1.78	1.65	1.12	1.91	1.71
	2001～2010	1.63	1.32	1.12	1.36	2.78
中国/巴西	1981～1990	1.54	1.74	1.08	5.68	0.12
	1991～2000	2.24	2.10	1.06	4.09	0.16
	2001～2010	2.54	2.43	1.06	2.91	0.40

注：根据世界银行数据计算。

略微超过两国，但是，中国的储蓄率和投资率却高出两国1倍左右。如果说巴西的人均GDP比中国高，因而两国处于不同的发展阶段，进而对投资和储蓄有不同要求的话，那么，中国人均GDP在20世纪90年代超过印度则无疑要归功于高投资率及其背后的高储蓄率了。

第三节　拐点：我们遭遇到哪一个？

如果说过去三十多年中国的高速经济增长是基于人口转变的"三高"：高劳动年龄人口比重、高储蓄率、高投资率，那么，现在很多人担心的是，在人口转变进入人口再生产第三个阶段的中、后期时，人口红利将会消失，高速增长的中国经济可能会因老龄化而面临戛然而止的"刘易斯拐点"。这种担心可以理解，但是，它常常是基于对"刘易斯拐点"的错误认识。如果将影响人口红利的人口因素、劳动力转移因素和资本积累因素做一分析，我们会略为欣慰地发现，我国的经济增长尽管要减速，但增长率并不会出现大幅度的下滑。

1. 拐点的种类：人口拐点、刘易斯拐点、储蓄/投资拐点

在展开分析之前，我们有必要先来看看究竟存在哪些拐点。由于人口红利始于由人口转变形成的有利的人口结构，因此，人口老龄化导致的不利的人口结构将会成为人口红利终结的第一个因素。我们将人口结构从有利向不利的转变界定为"人口拐点",它包括两种情况:第一,水平拐点,即劳动年龄人口比重的下降;第二,一阶拐点,或者叫增速拐点,即劳动年龄人口比重增速的下降。显然,当一阶拐点来到时,随着劳动年龄人口比重的持续下降,最终会遇到水平拐点。

如前所述,仅是人口转变并不能带来人口红利,还需要改革形成的劳动力转移效应。因此,劳动力转移过程的终结就构成了人口红利消失的第二个因素。这里就涉及目前被热议,但又常常被误解的一个拐点:刘易斯拐点。根据刘易斯最初的文章(Lewis,1954),刘易斯拐点被定义为劳动力从无限供给到稀缺的转折点,即劳动力供给曲线从水平段到上升段的过渡点,其识别标志是劳动力要素的价格——工资开始从维持劳动力基本生存的水平逐步提高。以后,经过进一步研究(Ranis and Fei,1961),刘易斯拐点又被细分为两个转折点(见图7):第一,短缺点(Shortage Point,通常称为"刘易斯第一拐点"),这与起初的定义一样;第二,商业化点(Commercialization Point,通常称为"刘易斯第二拐点"),即劳动力供给曲线从缓慢上升到陡峭上升的转折点,这也意味着工资从缓慢增加到快速增加。进入第二个转折点之后,二元经济模式消失,劳动力从传统产业(落后的农业)向现代产业(非农产业和现代农业)的转移全部完成,不发达、发展中经济体转变为发达经济体。

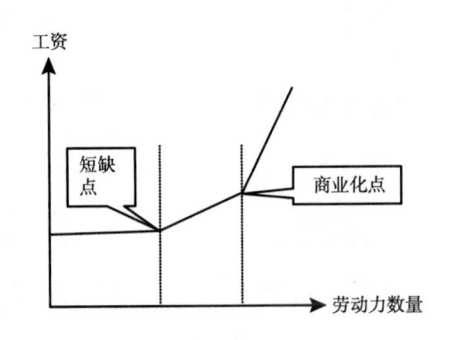

图 7 刘易斯拐点示意

所以,仅就刘易斯拐点而言,它并非"妖魔鬼怪",它只是代表经济进入了更高级的发展阶段。此外,刘易斯拐点反映的是劳动力的供求关系,识别刘易斯拐点应该看工资水平,不能简单地计算劳动力供给数量的变化。因为劳动力供给数量的变化既不能代表供求关系的变化,也不能反映与劳动力匹配的资本要素的变化。

人口红利形成的第三个重要因素就是高储蓄和高投资。如果储蓄率和投资率下降,资本积累将停滞。此时,即使在农业和农村存在剩余劳动力,劳动力也无法转移,人口红利也会消失。所以,第三类拐点就是"储蓄/投资拐点":储蓄率和投资率的趋势性下降的转折点。不过,这里也有一个需要澄清的地方:在封闭经济中,储蓄率等于投资率,因此,储蓄率的转折点和投资率的转折点是同一的;但是,在开放经济中,外部储蓄的输入或本国储蓄的输出使这两个转折点可能发生差异。"F-H 假说"(Feldstein and Horioka,1980)表明,对绝大多数国家来说，国内储蓄构成了国内投资的基础，投资率的趋势不太可能长期偏离储蓄率的趋势①。因此，我们这里暂且将两个转折点合二为一。

对各种拐点，需要强调三个观点。第一，人口拐点并不等同于刘易斯拐点。因为只要农村、农业还存在剩余人口，即使人口结构开始趋于老龄化，劳动力转移依然可以持续。第二，即使不考虑技术进步对经济增长的推动作用，仅是刘易斯拐点的到来也不会造成经济增长的大幅度下滑。原因很简单，除了技术进步之外，经济增长同时依靠劳动力和资本。在储蓄/投资拐点没有到来时，尽管劳动力供给不再增长，甚至下降，高的储蓄率和投资率还将推动资本深化进程。换言之，如果资本积累效应超过了劳动力供给下降的效应，经济依然能够维持较高水平的增长。第三，经济增长的显著下滑只可能发生在这种情形下：刘易斯第二拐点和储蓄/投资观点同时到来。因此，判断经济增长是否会急剧下滑，其关键就在于分析是否同时遭遇了这两个拐点。

---

① 从20世纪80年代起，投资率趋势长期偏离国内储蓄率趋势的国家只有美国，其储蓄率自1984年开始出现趋势性下降，但投资率比较平稳。关于这一点，参见笔者的分析（殷剑峰，2009）。此外，过去十年中，欧元区国家中的西班牙、希腊等国也出现了类似的情况，即储蓄率趋势性下降、投资率平稳，这反映了欧元区成立为这些国家创造了借用外部储蓄的条件。不过，美国以及欧元区的这些国家都陷入了2008年全球金融危机。

2. 人口拐点

毫无疑问，中国的人口拐点已经或即将来到。2003 年，劳动人口比重的增幅达到 20 世纪 90 年代以来的峰值，人口一阶拐点出现。根据世界银行的预测，截至 2015 年——人口的水平拐点，中国劳动年龄人口比重将达到峰值。从那以后，老龄化将导致劳动年龄人口比重迅速下降，并于 2019 年降低到世界平均水平以下（见图 8）。

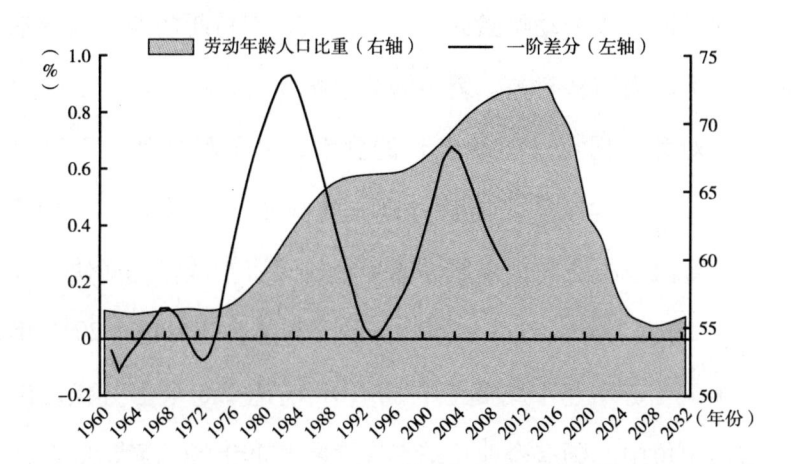

图 8 1960～2032 年中国劳动年龄人口比重及其一阶差分

注：2010 年后的数据为世界银行预测数。
资料来源：世界银行。

如上所说，人口拐点对经济的影响是不确定的，取决于资本与劳动力的关系，即增加的人均资本能否抵补减少的劳动力。所以，关键问题在于资本和劳动力的数量变化。可能由于发达国家的劳动力转移早已经完成，因此，其关注点集中在资本的变化，即老龄化是将导致资本深化还是"资本浅化"（Capital Shallowing）（Auerbach et al.，1990；Brooks，2003；Kotlikoff et al.，2001）——但结论远没有确定。在经历了三十多年人口红利的中国，学者们似乎更加关注劳动力数量的变化，即刘易斯拐点。

3. 刘易斯拐点

上文已说明，人口拐点并不必然意味着刘易斯拐点的到来。除了取决于劳动年龄人口比重之外，刘易斯拐点还同资本深化、劳动力转移有关。就中国的情况而言，在两个刘易斯拐点中，对第一拐点（短缺点）的到来，由于观察到的工资上涨现象，目前"似乎"能够达成一致。如图9所示，自1998年亚洲金融危机之后，中国城镇单位的工资指数增速即快于人均GDP增速，除掉1998～2000年的异常值，在2001～2010年的十年，工资增速平均高于人均GDP增速2.6个百分点。由于城镇单位中的国有企业可能存在垄断和非市场因素，仅考虑城镇集体单位的工资，也可以发现，进入21世纪以来，工资水平出现了快速上涨：在2001～2010年，城镇集体单位工资增速平均高于人均GDP增速2.4个百分点。

然而，从初次分配总收入的构成看（见图10），刘易斯第一拐点又似乎没有来到。在国民收入的初次分配中，劳动者报酬在2002年前保持平稳，在2002～2010年却从54%下降到2011年的47%，同期财产收入则从10%上升到20%。如果劳动者报酬和财产收入分别对应于劳动力要素和资本要素的报酬,那么,初次收入分配格局的这种变化显然与刘易斯第一拐点所说的工资上涨是矛盾的。

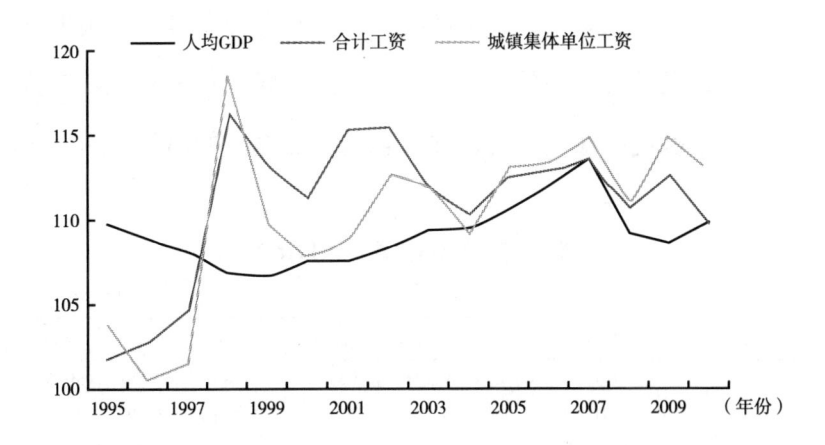

图9 中国实际人均 GDP 指数与工资指数

注:上年 = 100。
资料来源:2011《中国统计年鉴》。

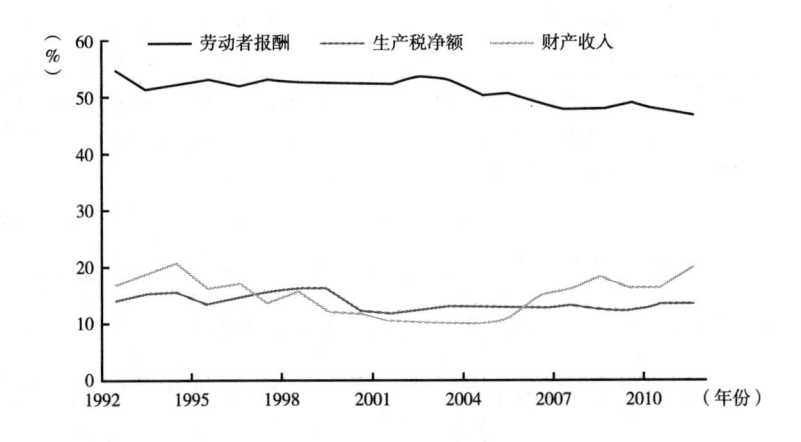

图10 1992~2011年初次分配总收入的构成

资料来源:根据 CEIC 中国资金流量表数据计算。

如果说刘易斯第一拐点的证据存在矛盾的话，那么，对刘易斯第二拐点的到来，则存在显著的疑问。一些研究主要从人口转变，即本书所说的人口拐点的角度，认为这个拐点已经到来。这里，我们看到，未必如此。即使不考虑资本要素和工资的变化，仅从劳动力数量的角度来考虑问题，也只有当所有劳动力转移到现代部门之后，才标志着第二拐点的出现。

表2 若干国家就业和人口比较

单位：%

指标	时间	中国	美国	日本	德国	巴西	印度
非农就业/全部就业	1991	40.30	97.10	93.30	95.80	77.20	30.86
	2001	50.00	97.60	95.10	97.40	79.40	33.48
	2010	63.30	98.40	96.30	98.40	83.00	36.12
非农就业/全部人口	1991	26.67	63.78	65.18	66.05	46.90	18.04
	2001	34.02	64.86	64.53	66.04	51.81	20.56
	2010	45.80	65.79	61.58	65.08	55.84	23.29
老龄人口（65岁及以上）/全部人口	1991	6.01	12.55	12.39	15.00	4.56	3.81
	2001	7.13	12.34	17.73	16.77	5.68	4.30
	2010	8.19	13.06	22.69	20.38	7.00	4.92

注：印度的"非农就业/全部就业"根据其城市人口占总人口的比重推算，即非农就业比重＝城市人口比重/0.83。参见本章表8关于城市化与就业关系的统计。

资料来源：根据世界银行数据计算。

如果采用通常的衡量劳动力转移的指标——非农就业占全部就业的比重，可以看到，中国的刘易斯第二拐点并未出现。表2显示，尽管中国的劳动力转移远远快于"金砖国家"中的巴西，尤其是印度，但是，截至2010年，中国的非农就业比重也只有63%强，而美、日、德的非农就业比重均稳定在

93%以上的水平,即使是经济发展水平略高于我们的巴西也达到了83%。

不过,现在有一个流行的观点认为,虽然中国的农业就业人口比重依然很高,但是,由于农业人口的老龄化,这部分人口已经缺乏转移到非农产业的意愿和能力。此种观点值得商榷。因为老龄化与劳动力转移无必然联系,而且,中国的老龄化程度并不比那些劳动力转移已经完成或者接近完成的国家高。观察表2,在2010年,美、日、德这些发达国家的老龄人口占全部人口的比重均高于,甚至远远高于中国,但是,这些国家非农就业人口占总人口的比重基本稳定在61%～65%的高水平,比中国的45.8%高出近20个百分点;在老龄化程度与中国差不多的巴西(2010年老龄人口比重为7%),非农就业也达到总人口的55.84%。所以,如果纯粹从人口结构的角度看,即使中国老龄化程度在未来超过了世界平均水平,总人口中依然有20个百分点左右需要转移到非农产业。

老龄化对劳动力转移的影响也可以用一个简单的计算来说明。根据世界银行数据,在2010年中国的总人口中,幼儿比重和老龄人口比重分别为19.41%和8.19%;到2020年,这两个比重分别预测为14.82%和10.60%。2010年非农产业就业人数占总人口的比重为45.8%,农业就业人数占总人口的比重是26.6%。现在做一个极端的假设:由于农业就业人口的年龄过大,2020年老龄人口比重的上升完全来自过去的农业就业人口，这样，在2020年的总人口中，农业就业和非农就业的比重将分别是24.19%和50.38%。

在上述极端假设下，老龄化使非农就业在总人口的比重比2010年上升了不到5个百分点，还没有达到巴西2010年的水平。因此，在总人口数量基本没有变化的情况下，劳动力转移的压力依然很大，人口老龄化没有吞噬劳动力转移的空间。

4. 储蓄/投资拐点

既然人口拐点并不意味着刘易斯第二拐点的到来，我们就需要关注储蓄/投资拐点了，因为这个拐点决定了资本宽化、资本深化乃至劳动力转移能否持续。由于投资与经济增长直接相关，储蓄只是决定了是否有支撑投资的内部资源，因此先看投资拐点。

判断投资拐点是否到来，即判断投资率是否会出现长期、趋势性下降的转折点，首先需要考察投资的效率。衡量投资效率的一个指标是"增量资本/产出比"（Incremental Capital/Output Ratio），即支撑1个百分点经济增长所需要的资本/产出比的上升幅度。这个指标越低，说明资本投入的效率越高。表3显示，尽管从20世纪80年代到21世纪第一个十年，中国的增量资本/产出比在不断上升，但是，该比值依然低于印度和巴西的比值，更是远远低于美、日、德等发达国家的比值。进一步回顾历史，美、日、德这些发达国家在早期的发展阶段同样具有较低的增量资本/产出比。例如，在1869~1888年，美国的增量资本/产出比为3.8；在"二战"后日、德经济起飞的1959~1970年和1952~1958年，两国的增量资本/产出比分别低至4.2和3.4[①]。除了计算增量资本/产出比之外，其他一些更加深入的研究，例如，赵志耘等人（2007）对"资本体现式技术进步"的测算，同样也证明了中国资本投入的效率。

表3 若干国家的增量资本/产出比

单位：倍数

年份	中国	印度	巴西	美国	日本	德国
1981~1990	3.85	4.00	12.50	5.88	7.69	9.09
1991~2000	3.70	4.35	7.14	5.26	25.00	11.11
2001~2010	4.00	4.17	4.76	11.11	33.33	20.00

资料来源：根据世界银行相关数据计算。

既然从资本投入效率看，高的投资率还有维持的必要，那么，就有必要进一步分析支撑投资的国内储蓄情况，即会否出现储蓄率长期、趋势性下降的储蓄拐点。对此，了解一下过去储蓄率上升的原因不无裨益。就过去30年来不断攀升的储蓄率而言，总量上的分析不足以揭示出背后的原因和机制，因此需要剖析储蓄的部门结构（李扬和殷剑峰，2007）。

---

① 参见"China Profitability: Pendulum Swing?", Credit Suisse, 14 September 2004。

总体的国民储蓄可以被分解为居民、企业（金融和非金融企业）、政府等三个部门的储蓄，企业的储蓄就是其可支配收入（即利润），而居民和政府的储蓄是各自的可支配收入减去各自消费后的剩余。因此，总储蓄率等于各个部门的储蓄率之和：

储蓄率 = 居民储蓄率 + 企业储蓄率 + 政府储蓄率 = 居民储蓄倾向 × 居民收入占比 + 企业收入占比 + 政府储蓄倾向 × 政府收入占比

上式表明，影响总储蓄率的因素包括居民和政府部门的储蓄倾向以及收入在各部门的分配。显然，储蓄倾向下降、收入分配向储蓄倾向更低的部门分配都将导致总体的储蓄率下降。

表4给出了2002～2010年的储蓄部门结构。由于2008年全球金融危机的影响，2002～2008年的数据和2009年的数据存在很大的不同。在2002～2008年，居民部门的储蓄在总储蓄中的比重持续下降，而企业和政府部门的储蓄份额持续上升。2002年，居民、企业、政府部门的储蓄率分别为20.61%、18.03%和0.63%，三部门储蓄占总储蓄比重分别为52.5%、45.9%、1.6%；到2008年，三部门的储蓄率分别为23.81%、20.98%和6.02%，占总储蓄比重分别为46.9%、41.3%和11.9%。所以，直接受人口结构变化影响的居民部门的储蓄不到总储蓄的一半。

表4 中国储蓄的部门结构

单位：%

年份	居民部门			企业部门	政府部门		
	储蓄倾向	收入占比	储蓄率	储蓄率	储蓄倾向	收入占比	储蓄率
2002	31.47	65.48	20.61	18.03	3.82	16.50	0.63
2003	33.94	65.34	22.18	18.22	8.71	16.43	1.43
2004	33.79	62.24	21.03	21.01	15.78	16.75	2.64
2005	35.38	61.88	21.89	20.27	18.96	17.85	3.38
2006	37.17	61.46	22.84	19.96	23.15	18.58	4.30
2007	39.24	60.07	23.57	20.54	29.87	19.39	5.79
2008	39.94	59.61	23.81	20.98	31.04	19.41	6.02
2009	40.38	62.05	25.06	19.21	27.02	18.74	5.06
2010	42.10	62.45	26.29	18.51	28.01	19.04	5.33

注：储蓄倾向 = 部门储蓄/部门可支配收入，储蓄率 = 部门储蓄/总可支配收入，收入占比 = 部门可支配收入/总可支配收入；企业部门的储蓄等于企业部门的可支配收入，因此，表中没有储蓄倾向的统计，且储蓄率等于部门收入占比；表中没有统计非金融企业部门和国外部门，因此，总可支配收入为居民、非金融企业和政府部门的收入之和，小于国民可支配收入。

资料来源：根据 CEIC 数据计算。

就储蓄的涨幅而言，2002～2008年，居民、企业和政府的储蓄率分别上升了3.2、3.0和5.4个百分点。显然，政府部门储蓄率的涨幅最大——这又源于政府部门储蓄倾向的急剧上涨和政府部门在收入分配中的比重的上升。进一步分析政府部门的储蓄所对应的资金运用（包括资本转移、资本形成、净金融投资等），可以发现，政府部门的储蓄主要是用于资本转移以及政府部门自身的投资。所以，2002～2008年储蓄率的上升基本符合之前的分析（李扬和殷剑峰，2007）：政府部门的储蓄倾向上升以及收入分配向政府部门的倾斜构成了中国储蓄率上升的重要原因,而这又同政府部门没有有效承担公共服务职能(政府消费比重过低)和政府介入经济活动过深(政府直接和通过资本转移间接参与的资本形成活动)有关。

2008年后的储蓄部门结构发生了很大的变化,并导致储蓄率出现了十年来的第一次下降。首先是政府部门的储蓄率下降,原因之一在于危机后的扩张政策使政府消费上升、储蓄倾向下降,原因之二在于生产税和收入税的轻微下降及其导致的政府收入占比下降;其次是企业部门的储蓄率下降,而这主要是因为企业增加值的过快下降——由于危机导致企业效益大幅度下降,2009年企业增加值的同比增速仅为6%强,远低于2008年的19%,同时企业成本的增速依然维持在较高的11%强;最后是居民部门的储蓄倾向和收入占比的同时提高——这部分抵补了企业和政府部门的储蓄率降幅。2010年,居民部门的储蓄倾向达到42.1%,比2008年上升了2个多百分点,居民部门的收入占比达到26.29%,也比2008年高出了2.5个百分点。

现在的问题是,2009年的储蓄率下降是不是储蓄率长期、趋势性下降的拐点?上述分析表明,在2009年储蓄率下降的过程中,居民部门的储蓄倾向并没有出现向下的调整,因此,除了危机后扩张政策对政府储蓄倾向的影响之外,2009年储蓄率的下降主要源于危机对政府和企业部门收入的冲击。显然,在刘易斯第二拐点还没有到来,增量资本/产出比依然较低的情况下,防范危机的冲击是避免出现储蓄/投资拐点的要旨。

第四节 双重拐点危机：发达国家的经验教训

第三节的分析表明，仅从人口和劳动力就业状况看，刘易斯第二拐点并没有到来，并且，从资本效率和储蓄部门结构看，在没有大的危机冲击的情况下，也不会出现储蓄/投资拐点。所以，值得关注的问题就在于：会不会发生一次冲击力巨大的危机，从而使储蓄/投资拐点提前到来？由于资本积累是劳动力转移的前提，这也将导致刘易斯第二拐点的提前到来。在回答这个问题之前，我们首先来看一下发达国家的经验教训。

1. 双重拐点危机：2008年全球金融危机和国别案例

与两次石油危机以后发生的历次国际金融危机不同，2008年爆发的全球金融危机是一场源于发达国家、以发达国家为重灾区的危机。对这场危机的讨论还正在展开，远未结束。不过，一个值得关注的现象是，在危机爆发的前一年，发达国家总体上都进入了双重拐点（见图11）：受人口老龄化的影响，2007年高收入国家的劳动年龄人口比重达到高峰；同时，也就在2007年，高收入国家的储蓄率也达到了十年来的高点。由于发达国家都已经完成了劳动力从传统农业向现代产业的转移，因此，这场危机可以界定为刘易斯拐点后的双重拐点危机。双重拐点与危机的接踵而至并非巧合。在表5中，我们给出了2008年全球金融危机的两个重灾国——危机爆发点的美国和随后成为欧元区危机焦点的西班牙——的人口、储蓄率与投资率的变化，同时，表5中还给出了1990年陷入危机，并在随后经历了长期萧条的日本以及在2008年全球金融危机中表现不错的德国的相应数据。可以看到，这四个国家在人口一阶拐点之后3~4年的时间里，就发生了人口水平拐点，而在人口水平拐点后，美国、日本、西班牙的GDP增长率均值都出现了较大幅度的下降，只有德国是个例外——其水平拐点后的GDP增长率均值甚至高于之前。这种差异再次说明人口并非决定经济增长绩效的唯一因素：观察水平拐点前后劳动年龄人口比重的变化可以发现，德国劳动年龄人口比重的降幅为1.44个百分点，高于美国和西班牙的降幅。

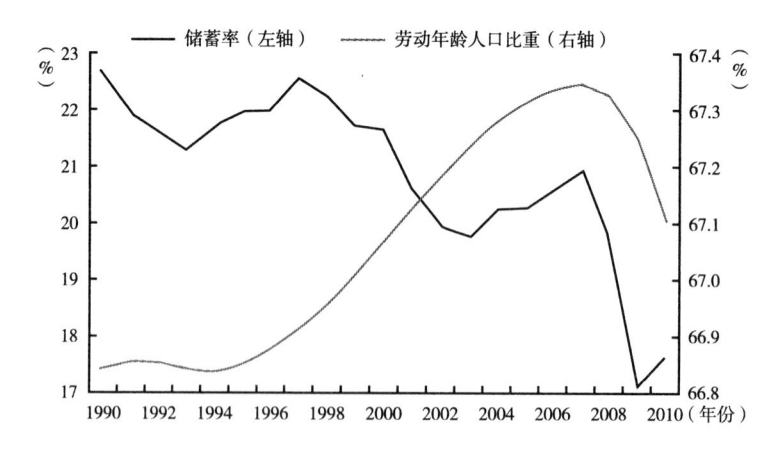

图11 高收入国家储蓄率和劳动年龄人口比重

资料来源：世界银行。

表5 双重拐点危机：国别案例

国别	人口拐点		水平拐点前后的GDP增长率均值		水平拐点前后劳动年龄人口比重变化	
	一阶拐点	水平拐点	拐点前	拐点后	拐点前	拐点后
日本	1988年	1992年	4.78	1.19	2.33	-2.39
美国	2002年	2006年	3.29	1.79	1.64	-0.35
西班牙	2003年	2005年	3.82	-1.00	0.67	-0.75
德国	1983年	1987年	1.91	2.56	5.34	-1.44

国别	储蓄拐点			投资拐点		
	时间	拐点前变化	拐点变化	时间	拐点前变化	拐点后变化
日本	1991年	2.69	-7.49	1990年	0.39	-7.28
美国	2006年	2.23(4年)	-4.95	2006年	1.77(4年)	-5.07
西班牙	2003年	3.87	-4.99	2007年	8.92	-7.99
德国	无	-0.49	1.81	无	-2.47	0.30

注：由于日本的拐点发生在1990年左右，所以日本的各项统计均为拐点前十年和后十年；美国和西班牙的拐点较晚，因此，拐点后的统计均为拐点发生年份至2010年的数据，如美国劳动年龄人口比重在拐点后的降幅为2006~2010年的统计；另外，美国的储蓄拐点为自1984年出现趋势性下降后的阶段性拐点，即2003~2006年；德国没有发生储蓄/投资拐点，因此，储蓄率和投资率在拐点前、后的升幅与降幅指的是人口水平拐点前后的变化。

资料来源：根据世界银行数据计算。

进一步观察这些国家的储蓄率和投资率，我们发现，与人口拐点相伴的储蓄/投资拐点才是危机国家与德国的差异所在。例如，日本的储蓄拐点和投资拐点发生在1991年和1990年，正好在其人口一阶拐点和水平拐点之间；美国的储蓄和投资拐点都发生在人口水平拐点出现的2006年；西班牙的储蓄拐点在2003年，与人口一阶拐点的年份相同，但是，由于欧元区的成立为其借用外部储蓄提供了便利，西班牙的投资拐点发生在2007年——比人口水平拐点晚两年；德国，一个看起来从未经历严重危机的国家,在人口拐点的时候没有发生储蓄/投资拐点,相反,在水平拐点后,储蓄率和投资率分别上升了1.81个和0.3个百分点。

2. 双重拐点危机的导火索:房地产泡沫和信用膨胀

如第二节所分析,刘易斯拐点后的双重拐点意味着劳动力和资本要素的同时减少,其结果必然是经济增速乃至人均产出水平的下降。但是,经济减速并不意味着要爆发危机。作为一种非线性的经济活动形式,危机的爆发还受其他因素影响,例如房地产泡沫和信用膨胀等因素。

首先,在发生危机的国家,我们都可以观察到房地产泡沫的形成与崩溃(见表6)。日本、美国、西班牙的房地产价格顶点分别发生在1991、2007和2008年,基本对应于这几个国家的人口水平拐点和储蓄/投资拐点;顶点前十年的房价涨幅

表6 房价泡沫与信用膨胀:国别案例

	日本	美国	西班牙	德国
房地产价格顶点发生的时间	1991年	2007年	2008年	—
顶点前十年房地产价格变化(%)	80	93	65	50
顶点后十年房地产价格变化(%)	-44	-18	-1	38
房地产价格顶点时的信贷/GDP(%)	259	244	214	97
顶点前十年的信贷/GDP(%)	194	198	105	82

注:日本的房地产价格为日本城市土地价格指数;美国的房地产价格为美国房价指数,顶点后的变化为2007~2011年数据;西班牙的房地产价格为欧元区住房价格指数,顶点后的变化为2008~2011年的数据;德国的房地产价格为住房新开工价格指数,由于德国没有经历房地产泡沫危机,顶点指的是德国人口水平拐点发生的1987年。

资料来源:根据CEIC、世界银行数据计算。

最低为西班牙的65%，最高为美国的94%；顶点后的跌幅最低为西班牙的1%，最高为日本的44%。由于美国和西班牙的危机尚未结束，最终的房价跌幅还待观察。

其次，在发生危机的国家，还可以观察到显著的信用膨胀。在房地产价格达到顶点的年份，日本、美国、西班牙的信贷/GDP之比均超过了200%。与顶点前十年相比，上涨幅度最低的为美国的46%，最高的为西班牙的99%。不过，由于美国的金融体系不同于其他国家，其信贷/GDP之比大大低估了美国的信用膨胀程度——在第一章关于美元信用创造机制的分析中，我们已经看到，美国非银行金融机构创造的信用超过了银行创造的信用。

人口拐点与房地产价格的涨跌在逻辑上似乎不难解释：在拐点前，劳动年龄人口比重的上升推动了住房的需求，而拐点后需求的下降扭转了房地产价格。可是，德国的房地产价格变化并不符合这个逻辑：德国的人口水平拐点发生在1987年，此前十年房价上涨了50%——略低于欧元区2008年顶点前的涨幅，此后十年房价依然上涨了38%。能够解释德国房地产价格没有暴跌的一个重要因素就是对信贷的控制：在人口水平拐点前十年，德国的信贷/GDP之比只有82%，该比例在水平拐点的年份较十年前上升了15个百分点，但大大低于出现危机的国家。

所以，这里的案例分析说明，人口拐点至多是房地产价格暴跌的必要条件，充分条件应该是信贷膨胀的不可持续。至于储蓄/投资拐点，它既可能是信贷膨胀、房地产价格不可持续的因，更可能是后两者的果。例如，在日本"资产负债表式衰退"的过程中（Koo, 2009），资产价格暴跌迫使企业部门为修复资产负债表而大幅度削减投资，进而导致失业率上升和居民部门的收入下降，后者又推动了居民部门储蓄率的下降（许多家庭甚至因为没有收入而处于零储蓄的状况）。根据日本资金流量表的数据（CEIC 数据），1991 年日本居民部门的储蓄率为 12% 左右，危机后持续下滑，截至 2008 年只有 2%。与日本不同，在没有发生危机的德国，居民部门的储蓄率（德国中央银行数据）自人口拐点出现迄今一直维持在 10% 以上。

3. 中国住房市场：泡沫？

德国的经验表明，人口拐点后并不必然发生储蓄/投资拐点，关键在于防止出现信用膨胀及伴随的房地产价格快速上涨。中国在 2000~2008 年呈现的是房价涨、杠杆率下降的局面（见图 12）[①]。虽然房价上涨了 80%，但是，由于 GDP 增速

[①] 这里使用的指标不能反映实际的"水平值"，只能供进行趋势判断的参考。就世界银行的"私人部门信贷/GDP"之比而言，它没有考虑银行贷款之外的非信贷信用投放（如债券、信托、银行理财等）；就房价而言，商品住宅的平均价格低估了中心城市和中心区域的房价涨幅，在测度全国房价水平上也存在缺陷。

的加快和偏紧的宏观调控,信贷/GDP 之比自 2003 年起一直在下降。在 2008 年全球金融危机爆发后,这种格局发生变了变化,在扩张的财政政策,尤其是宽松的信贷政策推动下,中国出现了杠杆率和房价同时大幅度上涨的格局。

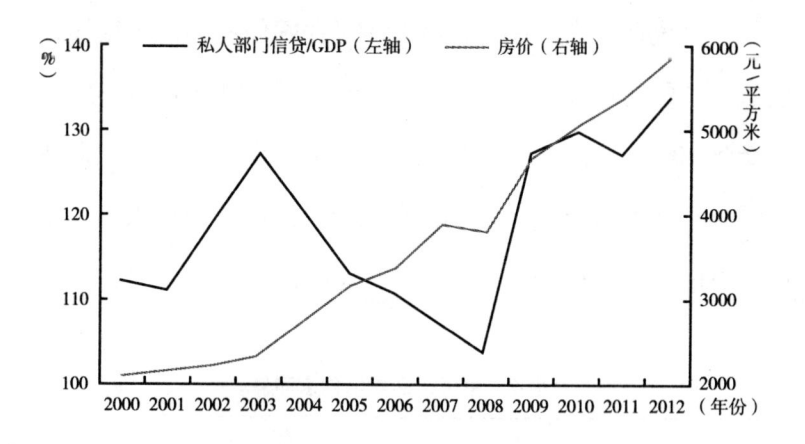

图 12　私人部门信贷/GDP 和房价

资料来源:"私人部门信贷/GDP"来自世界银行;"房价"来自 2013《中国统计年鉴》的全国商品房平均销售价格。

中国在 2008 年后出现的信贷与房价同时上涨的现象值得关注。信用的膨胀始于 2009 年:人民币信贷收支表(中国人民银行网站)的统计表明,2008 年年底的全部贷款为 30 万亿元,而截至 2012 年 9 月全部贷款已经达到 62 万亿元,这 4 年间贷款存量的增幅相当于 2008 年前 30 年的增幅。至于房价的上涨,这常常被归因于供不应求——在危机前确实如此。无论是以套数来计算的供求比,还是以面积来计算的供求比,在 2008 年之前基本上都小于 1(见表 7)。然而,从 2011 年开始,每年住宅的竣工面积超过了新增的需求面积;从 2012 年开始,每年新增的住宅套数超过了城镇新增的家庭数。换言之,如果购买住房是完全为自住的话,供给已经全面大于需求。而且,由于两个原因,这里估计的供求比被大大低估了。第一,只统计了商品住宅,没有考虑保障住房的大量增加,从而低估了住房估计。从 2011 年开始,每年新增的保障房在 600 万套到 1000 万套之间。第二,这里以城镇人口来统计,高估了需求。大量城镇人口是非户籍人口,这些非户籍人口不愿意(如农民工)或者不能(由于限购政策)在当地买房。

表7 中国商品住宅供求测算

年份	新增城镇家庭(百万户)	新增商品住宅(百万套)	供求比1	新增需求面积(亿平方米)	竣工面积(亿平方米)	供求比2
2003	9.20	3.02	0.33	5.47	3.38	0.62
2004	6.84	4.04	0.59	5.04	4.26	0.85
2005	6.60	3.68	0.56	5.36	4.37	0.81
2006	18.03	4.01	0.22	5.92	4.55	0.77
2007	4.28	4.40	1.03	7.06	4.98	0.71
2008	7.40	4.94	0.67	5.42	5.43	1.00
2009	6.21	5.55	0.89	6.60	5.96	0.90
2010	7.32	6.02	0.82	7.79	6.34	0.81
2011	11.96	7.22	0.60	6.87	7.43	1.08
2012	6.96	7.64	1.10	6.92	7.90	1.14
2013	6.39	8.09	1.27	6.35	7.87	1.24

注:"新增城镇家庭"等于城市新增人口除以城市户均人口数量;"新增需求面积"等于城市新增人口乘以城市人均住房面积。其中,2013 年新增商品住宅套数按照 2012 年增速推算,2013 年新增需求面积按 2012 年城镇人均住宅面积推算。

资料来源:根据 2012 年《中国统计年鉴》和 CEIC 数据计算。

对当前住房市场呈现的供过于求的问题，有些人将希望寄托于我国的城市化。表 8 中统计了若干国家的城市人口比重：中国不仅低于美、日、德这样的发达国家，而且低于墨西哥和巴西这样的新兴经济体。可是，城市化依赖（广义的）工业化。没有后者，城市人口的增长将带来大量的失业和城市贫困人口的聚集。统计各国城市化与非农就业的关系，我们似乎发现一个规律：美、日、德这些发达国家的城市人口比重一般只相当于非农就业比重的 60% ~ 80%，这意味着城市化与非农就业是同步的。但是，在墨西哥、巴西（常被当作陷入"中等收入陷阱"的典型案例），其城市人口比重超过非农就业比重的 90%——由于这两国有较高的劳动年龄人口比重，这意味着城市聚集了大量无法获得非农产业就业的人口。

表 8 若干国家城市化水平及城市化、工业化关系比较

	年份	美国	日本	德国	墨西哥	巴西	中国
城市人口比重(%)	2000	79.10	65.20	73.10	74.70	81.20	35.80
	2005	80.80	66.00	73.40	76.30	84.20	40.40
	2010	82.30	66.80	73.80	77.80	86.50	44.90
城市人口比重/非农就业比重(%)	2000	81.21	68.70	75.05	91.10	99.63	71.60
	2005	82.11	69.04	75.13	89.66	105.91	73.19
	2010	83.64	69.37	75.00	89.53	104.22	70.93
	平均	82.23	69.00	75.08	90.18	103.95	72.75

资料来源：根据世界银行数据计算。

2010 年，中国的城市人口比重/非农就业比重为 70.93%，介于日本和德国之间。如果假设 2010 年美国的这个指标

(83.64%)是一个不会导致城市出现大量失业和贫困人口的安全线,同时假设劳动力转移停滞、中国的非农就业比重维持在2010年的水平(63%),那么,城市人口的比重至多上升到53%——只比2010年高出8个百分点左右。换言之,没有持续的劳动力从农业向非农产业的转移,城市化空间并不如我们想象中的那么大。这或许也意味着,如果劳动力转移停滞,双重拐点的危机就并非空穴来风。

第五节 阴阳经济学:人口红利的"阳气"

让我们再次回到阴阳经济学的框架。经济的繁荣源于经济当事人追逐利润的"阳气",它推动了投资、消费和经济增长。从我们以上的分析看,老龄化时代的来临和人口拐点并不必然意味着刘易斯第二拐点和储蓄/投资拐点的到来,过去推动中国经济高速增长的两个动力,即劳动力供给效应和资本积累效应依然存在。按照世界银行对中国人口的预测,假设中国能够维持过去20年非农就业/总人口比重增加的速度,那么,到2019年,中国的非农就业/全部就业将达到发达国家平均90%左右的水平[①]。

---

① 2010年我国非农就业/总人口为45%,1991~2010年该比重平均增速为2.8%左右。按此平均增速,2019和2020年我国非农就业/总人口将分别达到60%和62%。世界银行预测2019和2020年我国劳动年龄人口比重将下降到66%和63%,因此,在不考参与率和失业率的情况下,非农就业/全部就业将达到90%和95%。

换言之，一直到2019年，人口红利为我国经济造就的"阳气"都还存在，甚至非常强劲。即使是美元霸权体制的风雨飘摇威胁到我们三十年的劳动果实——积攒下来的巨额外汇储备，这种外部环境的巨大变化也不会从根本上动摇人口红利带来的"阳气"。就人口红利需要的资本积累而言，我国的储蓄率足以支撑这一需要。而且，在前面对"双顺差"的讨论中，我们没有指出这样一个事实：在经常项目顺差的情况下，我国的资本项目顺差表明输入的资本并非经济增长需要的实物资本，而是纯粹金融意义的金融资本，其背后反映的是我国落后的金融体系和实体经济领域普遍的行政干预和管制。就人口红利需要的市场而言，危机后我国产业结构的调整预示着我们将越来越依靠国内市场。可以看到（见图13），在第二产业受危机冲击影响的同时，我国第三产业不仅吸纳就业的能力一直强于第二产业，而且从2013年开始，其产值也超过了第二产业。

但是，我们需要警惕经济的阴阳转换。就像一个健壮的青年也会病入膏肓一样，泡沫的破裂会将一个看起来强劲的经济带入持续的衰退中。我们需要去理解泡沫形成的机理（第三章），需要防范2008年全球金融危机后出现的急躁冒进（第四章），需要研究消化泡沫的手段和能带来长治久安局面的改革（第五章）。

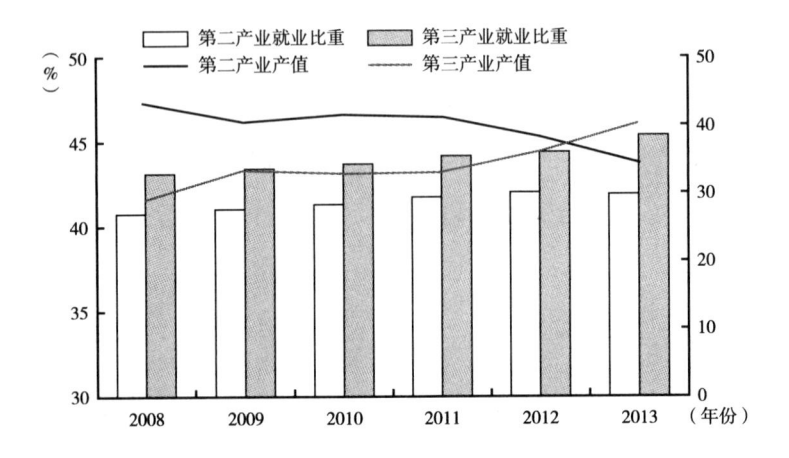

图 13　我国第二、第三产业产值和就业比重

资料来源：CEIC。

参考文献

波金斯等：《发展经济学》，中国人民大学出版社，2006。

蔡昉：《人口转变、人口红利与刘易斯转折点》，《经济研究》2010年第4期。

蔡昉：《刘易斯转折点》，社会科学文献出版社，2008。

课题组：《劳动力供给效应与中国经济增长路径转换》，《经济研究》2007年第10期。

课题组：《干中学、低成本竞争和增长路径转变》，《经济研究》2006年第4期。

李扬、殷剑峰：《中国高储蓄率问题探究——基于1992～2003年中国资金流量表的分析》，《经济研究》2007年第6期。

李扬、殷剑峰：《劳动力转移过程中的高储蓄、高投资和中国经济增长》，《经济研究》2005年第2期。

刘伟、张辉：《中国经济增长中的产业结构变迁和技术进步》，《经济研究》2008年第11期。

钱颖一：《现代经济学与中国经济改革》，中国人民大学出版社，2003。

施密特:《欧洲资本主义的未来》,社会科学文献出版社,2010。

王小鲁:《中国经济增长的可持续性与制度变革》,《经济研究》2000 年第 7 期。

赵志耘等:《资本积累与技术进步的动态融合:中国经济增长的一个典型事实》,《经济研究》2007 年第 11 期。

周黎安:《中国地方官员的晋升锦标赛模式研究》,《经济研究》2007 年第 7 期。

殷剑峰(2009):《美国居民低储蓄率之谜和美元的信用危机》,《金融评论》2009 年创刊号。

殷剑峰:《中国经济周期研究》,《管理世界》2006 年第 3 期。

Auerbach, A. J., Jinyong Cai and L. J. Kotlikoff. 1990. U. S. Demographics and Saving: Predictions of Three Saving Models. NBER Working Paper.

Bloom, D., D. Canning and G. Fink. 2011. Implications of Population Aging for Economic Growth. NBER Working Paper.

Brooks, R. 2003. Population Aging and Global Capital Flows in a Parallel Universe. IMF Staff Papers, Vol. 50, No. 2 (2003), pp. 200 – 221.

Borsch - Supan, A., Lothar Essig. 2003. Household Saving in Germany: Results of the First Saves Study. NBER Working Paper.

Koo, R. 2009): *The Holy Grail of Macro Economics - Lessons from Japan's Great Recession.* John Wiley &Sons (Asia) Pte. Ltd.

Kotlikoff, L. J., K. Smetters and J. Walliser. 2001. Finding a Way out of America's Demographic Dilemma. NBER Working Paper.

Feldstein and Horioka. 1980. Domestic Saving and International Capital Flows. *Economic Journal* 90: 314 – 29.

Lewis, W. A. 1954. Economic Development with Unlimited Supplies of Labor. *The Manchester School of Economics and Social Studies*, 22, pp. 139 – 191.

Ranis, G. and J. Fei. 1961. A Theory of Economic Development. *American Economic Review*, Vol. 51, No. 4, pp. 533 – 565.

第三章

中国的财政金融体制：追本溯源

第一节　引言：越调越乱的房地产调控

阳盛源于邪气，阳气过旺易生邪气。经济的繁荣离不开经济当事人追逐利润的动机，但过旺的利润追逐动力得不到抑制，就会出现信用膨胀、杠杆率飙升，最终催生出泡沫。前一章关于2008年全球金融危机后我国信用膨胀和住房市场的分析表明，我国经济呈现的就是阳盛过热的症状。仿若给人治病，可取西医，也可取中医。两者各有所长，也各有所短。西医重在治病，以立竿见影地消除病症为首要。中医则重在治人，通过理顺机理达到长期的阴阳平衡。我国经济的病因系经济体制长期积弊的结果，非着眼于长期机理调和的中医不可治本。同时，长期积弊引发的燥热亦需治理，否则会盛极而衰。但是，过去许多年来我们用的都是头疼医头、脚疼医脚的西医疗法，而且从病症本身来看，有些疗法甚至都像是喂错了药。

由于过热的症状集中表现于房地产,头疼医头、脚疼医脚的最佳典范当然是房地产的调控政策。历史经验多次证明,在我国,只要哪个行业被界定为"支柱",哪个行业就会过热发烧。2003年8月,国务院出台了第18号文件:《国务院关于促进房地产市场持续健康发展的通知》,将房地产业定位为国民经济的支柱产业,并明确提出要实现房地产业的持续健康发展。此后,潘多拉盒子就被打开了,房地产调控政策随即进入了紧锣密鼓的阶段①:2004年2次出台调控政策,随后2005年有6次,2006年11次,2007年7次,2008年15次,2009年5次,2010年7次,2011年12次,直到2012年才逐渐消停下来。在这十年里,不仅各部委轮番上马,国务院还多次发布综合指导意见,如2005年3月的"国八条"和5月的"新国八条",2006年5月的"国六条",2009年的"国四条",2010年1月的"国十一条"和4月的"新国十条",2011年1月的"新国八条"和7月的"新国五条"。上上下下忙得不亦乐乎,一会儿调供给,一会儿调需求,一会儿调土地,一会儿调投资,但是,微观上房地产市场始终是乱象重重,宏观上则是房价的持续、快速上涨,直至2008年后危险的杠杆率和房价的双升。

---

① 各个年度的调控次数系笔者根据网上公开信息以及部分文献整理统计的,可能有遗漏,也可能有重复,但大体反映了调控的频度。

多年高频的政策调控之所以看起来没有效果，从"西医"的角度看，就是没有遵循对症下药的基本规律——"丁伯根法则"（Tinbergen's Rule）。按照这一法则，宏观调控政策有效的第一个条件就是政策目标应该是清晰和相互独立的，政策目标之间不能打架。从历次"国X条"的内容看，我国房地产调控的政策目标有三条：第一，稳定"量"的目标，即稳定房地产投资，进而稳定整个固定资产投资和宏观经济；第二，稳定"价"的目标，即要求住房价格不能涨太快，也不能出现显著下跌；第三，民生目标，即人人都有房住——这常常被理解为人人都能买房。

实际上，我国房地产调控的三大目标是存在冲突的。首先，如同货币政策调控无法同时追求量（货币供应量）和价（利率）的稳定一样，房地产调控中对量和价同时稳定的追求在很多情况下是矛盾的。例如，在住房市场供不应求和宏观经济逐渐过热时期（2008年前），通过限制土地供应、限制开发贷款可以减少房地产投资，但是这加剧了供不应求的格局，导致价格持续上涨；在经济过冷的2008年下半年到2009年，从中央到地方都出台了"救市"政策，价格止跌回升，但房地产投资迅速膨胀，以至于演化为2011年住房市场的普遍供过于求（参见第二章）。其次，不清不楚的民生目标与其他目标也是有冲突的。例如，2006年著名的"90/70"政策旨在提高小户型商品住宅开发的比重，让更多人能够买得起房，但政策目标的模糊、操作的难度最终反而导致小户型房价大幅度上升。再如,自2011年以来,大量兴建的保障房很可能会加剧目前住房市场的供过于求的矛盾,对价格稳定和宏观经济稳定造成威胁。

丁伯根法则的第二个要求就是,政策工具的数量要至少与政策目标的数量一样多,而且,政策工具之间应该是独立的,不能相互打架。我国房地产调控政策的工具林林总总,纷繁复杂,分布于整个产业链的上游（土地供应）、中游（房地产开发投资）和下游（住房一手房市场、二手房市场）,大体梳理一下,包括这么几个类别：第一,财税工具,即利用土地增值税、契税、所得税等工具调控住房供求,尤其影响住房的需求；第二,货币金融政策,即通过调控利率,规定贷款及其他融资工具（如信托）的条件来调控土地供应、住房开发、住房购置和转让等各个链条段上的资金供应；第三,土地政策,即通过控制土地供应的量和结构来影响住房供给量和结构；第四,住房供应和准入政策,如2006年的"90/70"政策、2010年对部分央企开发房地产的限制；第五,住房需求和投资政策,如2006年对外资买房的限制,尤其是最近几年对居民购房的限购政策；第六,公共住房政策,这是一个以政府直接上手、控制公共住房供应为主体的庞杂体系,包括经济适用房、廉租房和保障房等。

从上述我国房地产调控的政策工具看,其类型和数量不是太少,而是太多,太混乱,而且,许多政策的效应是矛盾的。

其中既有宏观政策工具——如货币政策,又有微观政策工具——如税收政策;既有相对市场化的政策——如贷款首付比的调节,又有完全计划经济的政策——如限购政策;既有想让大多数人都能买得起商品房的住房供应政策——如"90/70",又有针对低收入家庭、由政府直接撸起袖子干的保障房政策。由于政策工具的数量太多,不同工具的效能也不是很清楚,在政策目标本身就是模糊的情况下,就往往出现了令人啼笑皆非的政策组合。例如,在 2004~2008 年房价持续上升时期,一方面,我们看到央行在不断提高利率、不断提高首付比,以压低住房需求,另一方面,我们又看到土地管理部门在限制土地供应,税收部门在提高房地产企业成本,从而减少供给、抬高供给的成本,最终让房价进一步上升。

我国房地产市场的乱象是经济机制出现严重问题的结果。多年来房地产调控的失灵固然是同政策目标、政策工具的混乱有关,但是,归根到底还是在于,这样的调控无法纠正发病的机制:经过三十年的高速增长之后,政府与市场的关系越来越不顺,中央和地方的关系越来越不顺。这两个关系的不顺集中反映在财政与金融体制上。

第二节 财政与金融体制:理论探讨

在计划经济时期,政府取代市场,中央号令地方,资源配置的权力完全集中于中央政府。因此，从资源配置的角度看，始自1978年的中国经济改革在本质上就是一种由计划经济向市场经济过度的渐进式分权改革。"渐进"描绘了这种改革具有"摸着石头过河"的特点，而"分权"则是指资源配置的权力由政府转向市场，由中央转向地方。市场逐渐取代政府成为资源配置的主体极大地激励了企业和家庭追逐利润、创造财富的动力，而资源配置权力从中央向地方的转移则让众多层级各异的地方政府参与到激烈的GDP锦标赛中，进而形成政府主导的经济增长模式。在这种模式下，作为资源配置的核心，中国的财政与金融体制就有了不同于其他市场经济体的特征。

1. 财政与金融体制：从危机后的金融改革说起

2008年全球金融危机爆发后，我国社会上上下下都认识到必须改革。但是，至于怎么改，却未达成共识，尤其是没有形成一个总体性的战略规划。由于过去十年来经济、金融运行中的各种积弊相互交织、错综复杂，"头疼医头、脚疼医脚"的模式业已走到了尽头，社会上普遍呼吁要进行"顶层设计"。但是，"顶层"为何？却并无清晰、完整的认识，自然也就无从"设计"了。在这种背景下，各种形式的改革就表现出碎片化的特点。另外，在以点带面、摸着石头过河的惯性思维下，各种改革措施又多是采取自下而上的模式。

以金融改革为例，危机后全社会上上下下关注的多是工具层面的问题，如多建个市场、多批些机构、多开发一些新产品或者允许多些境外资金进来套利；诸多改革，典型的如利率市场化、人民币跨境贸易结算、人民币离岸市场建设，并未考虑到与其他金融改革（如资本市场发展和金融机构业务自由化）的配套，更不用说去考虑同金融之外的改革，尤其是财政体制改革的协调配合了——后面会看到，没有这样的协调配合，金融改革是不可能单独成功的。

金融改革还呈现"自下而上"的特点，温州、深圳、珠海等地的金融改革试点乃至上海的国际金融中心建设皆是如此（周小川，2012）。值得注意的是，近些年来"自下而上"的金融改革正愈发触及根本的金融管理体制，突出表现为地方政府对金融管理权力的分权呼吁。我们知道，与多数经济体一样，我国的金融管理体制为中央集权的模式——可称为"金融集权"（Financial Centralization），市场准入、机构管理、过程监督、危机救助以及宏观政策均为中央政府职能的范畴。因此，搞试点的地方政府逐渐或者一开始就意识到，没有中央的允许，市场、机构、产品这些工具层面的试点是无法进行的。于是，俗称为"要政策"、实则为地方对"金融分权"（Financial Decentralization）的呼吁日益强烈，并且，这种呼吁还史无前例地被写入了《国民经济和社会发展第十二个五年规划纲要》[①]。

---

① 《国民经济和社会发展第十二个五年规划纲要》第 48 章："完善地方政府金融管理体制，强化地方政府对地方中小金融机构的风险处置责任。"

金融分权并非新鲜事物。在 1994 年金融体制改革之前，我国的地方政府就拥有极大的金融资源调配能力，甚至能通过"倒逼"机制影响货币政策。在其他大国和大型经济体中，也曾有过金融分权的历史，如 20 世纪大萧条之前的美国；有的正处于金融分权的状态，如今天的欧元区。然而，除了近些年欧洲学者的只字片语之外，在主流的金融理论中，并无人关心中央和地方政府之间的金融分权问题，理论的视野更多的是集中在"自由化"（Liberalization）和"管制"（Regulation），即市场与政府的关系上。即使是对美国历史上州政府掌握很大权力的自由银行体制（Free Banking）时期的研究，也是在讨论州政府或者联邦政府要不要实施管制（沃尔顿和罗考夫，2011），而不是关心联邦和州政府如何分配权力。

在主流的经济学理论中，对中央和地方政府之间权力分配的分析集中在财政的集权（Fiscal Centralization）和分权（Fiscal Decentralization）上。那么，我国为什么会出现金融分权的呼吁呢？金融分权后会产生何种后果呢？我们得先考察一下财政体制下的分权思路。

2. 公共财政和增长型财政体制

在市场经济中，市场是配置资源的主体，但是，在不同的经济发展阶段和环境下，政府的角色和作用是有所不同的。正统的宏观经济理论主要关注企业和家庭的作用，至于政府的角色，按照秉承古典经济学思想的公共财政理论，它被限定于为经济提供公共品。换句话说，政府应该扮演"无形之手"。

在政府扮演"无形之手"的基础上，中央和地方的分权就是关于提供公共品的事权分配（Tiebout，1956）：中央政府提供具有全国属性的公共品服务（如国防和宏观经济调控），地方政府提供具有地方属性的公共品（如当地的治安）。与中央政府通过集权来向全国提供所有的公共品相比，分权可以提高效率。同时，根据中央和地方的事权分配，又相应地决定了中央和地方的支出责任以及对应于支出的财政收入的分配。这里的一个问题就是，地方政府提供这些公共品的激励和约束机制是什么呢？地方政府的激励在于，通过提供优质的公共品，可以吸引流动性的税源（企业和居民），从而增加本级财政的收入。对地方政府的约束是为了防止地方政府变成只考虑自身利益的"攫取之手"。在公共财政体制下，约束来自税源的"流动性"：如果当地的公共服务质量差，企业和居民可以选择"用脚投票"，另择良地——2008年全球金融危机后美国汽车之城、底特律的衰落就在于长期持续的税源流失和公共服务质量持续下降的恶性循环。

公共财政理论的"无形之手"不符合后发国家的事实，在那里，政府是经济增长的积极参与者，是直接参与到资源配置活动的"援助之手"——我们称政府扮演这种角色的财政体制为"增长型财政"。早至重商主义时期的英国和德国历史学派流行时的德国，政府都是通过限制竞争（如授予外贸公司垄断特权）和产业政策（如补贴工业、保护"幼稚产业"）直接参与到经济活动中的（布鲁和格兰特，2008）。20世纪60年代以来的日本、东亚"四小龙"以及后来的中国，也皆是如此。

在政府扮演"援助之手"的时候，中央和地方的分权就是如何在中央和地方之间划分资源配置的权力：在理想的情况下，中央负责关乎全国经济发展和稳定的资源配置，地方负责与地方经济相关的资源配置。不过，如同公共品的全国和地方属性并非完全泾渭分明一样，由于生产要素和产品在全国流动，中央和地方配置资源的权力常常是重叠，甚至是冲突的。实际上，这种重叠和冲突早在计划经济时期就发生过。1956年，毛泽东在《论十大关系》一文中指出，要以苏联为鉴，正确处理好国家、生产单位的关系，处理好中央和地方的关系。"有中央和地方两个积极性，比只有一个积极性好得多。""不能像苏联那样，把什么都集中到中央，把地方卡得死死的，一点机动权也没有。"随后，1957年的八届三中全会通过了陈云起草的《国务院关于改进财政管理体制的规定（草案）》，中央开始向地方下放国有企业管理权、投资项目审批权，甚至贷款管理权力[①]，地方的积极性由此空前高

[①] 1958年11月，中国人民银行决定，除中央财政存款和中央企业贷款依然由中国人民银行总行管理之外，其余存、贷款管理权全部下放到地方。

涨，结果则是 1958 年的"大跃进"和随后的"三年自然灾害"。

所以，在政府扮演"援助之手"的体制下，既需要提高地方发展经济的积极性，又需要采取适当约束措施防止与这种积极性并存的外部性引发宏观经济问题。这就涉及增长型财政体制下中央对地方的激励约束机制问题。

就激励问题而言，它取决于地方政府官员的行为动机。对地方官员的行为动机，出现了两种看起来不同的解释①：其一是"权"论（周黎安，2007），即地方政府的官员需要通过竞争来获得上级的认可和提拔，而竞争的标准是上级政府易于识别的指标——GDP；其二是"钱"论，如李学文等（2012）分析了地方政府追逐预算外收入的动机和手段。不过，"钱""权"产生的激励并非矛盾，而是可以统一的（Blanchard and Shleifer，2000）：只要努力把 GDP 和财政收入做大，就可以继续当官，甚至升官，也就可以享受努力的好收成。

就约束问题而言，就是如何防止地方官员只顾地方经济发展，不顾宏观经济稳定，甚至借发展经济之名、行个人好

---

① 需要注意的是，所有文献都只讨论了地方政府的动机，将地方政府视为经济人，而未涉及中央政府部门。在分析我国政府治理架构时，如果用经济人假设来分析地方的"块块"，同样也应该将经济人假设引入对中央部委"条条"的分析中。当然，"最高"层面的政府行为依然需要假设为儒家哲学的"内圣外王"。否则，我们就不得不回到古典经济学的语境中了。

处之实。为了理解增长型财政体制下中央对地方的约束机制，就需要了解这种财政体制不同于公共财政的支出结构：在前者的支出中，政府的投资支出非常重要；而后者的支出则以养老、医疗、教育等公共服务品的支出（表现为政府消费）为主。

增长型财政和公共财政在财政支出上的差异反映了政府在事权上的差异：前者是"援助之手"，政府直接，甚至积极介入经济增长活动中①；后者是"无形之手"，政府的作用是提供公共品。增长型财政与公共财政的差异在表1中可见一斑。表1比较了我国和美国的政府投资在全部投资的占比。如果仅从政府直接参与的投资看，我国政府投资的比重并不高，但是，如果将国有企业的投资算上，则我国的大部分投资都与政府相关。即使在21世纪，我国政府直接和通过国有企业间接进行的投资依然占全部投资的近一半。与此相比，美国政府包括和不包括军费的投资都只占全部投资的14%~18%。此外，在20世纪经济起飞时，日本的政府也扮演了"援助之手"的角色，所以，20世纪60~80年代日本政府的投资比重高达30%。

---

① 增长型财政与公共财政在财政收入和财政平衡上也存在差异。增长型财政更多地靠间接税，公共财政更多地靠直接税。同时，与增长型财政相比，公共财政具有更大的赤字倾向："瓦格纳"法则以及政府对选民的讨好使支出不断扩大，财政收入则因为直接税的缘故而呈现刚性。

表1　中、美、日政府投资占整个经济投资的比重

单位：%

年份	中国		美国		日本	
	政府投资	国有企业投资	含军费	不含军费	年份	政府投资
1980~1989		67.58	17.72	12.68	1960~1969	33.67
1990~1999	2.71	58.44	17.60	14.02	1970~1979	33.70
2000~2009	4.29	47.14	17.23	14.49	1980~1989	31.30

注：我国政府投资根据资金流量表数据计算。
资料来源：中国数据来自历年统计年鉴和CEIC；美国、日本的数据来自CEIC。

由于增长型财政体制下的政府支出是以投资为主，因此，中央对地方的约束就是对投资的控制，这包括两个手段：其一是投资体制中的项目审批制，其二是以下将要讨论的金融体制中的金融约束。投资项目审批制自计划经济时代一直延续到改革开放，直至2004年出台《国务院关于投资体制改革的决定》在名义上取消审批制之前，无论是国有企业，还是民营企业，无论投资资金是来源于财政，还是来源于自有资金、外资或者贷款，各类投资项目都需要由政府审批，变化仅在于是中央还是地方审批，即投资审批权的集权和分权（张汉亚和张欣宁，2004）。如果说我国财政的集权和分权决定了对地方的激励程度，那么，投资项目审批权的收和放则决定了对地方的约束程度。

3. 金融自由化和金融约束体制

与财政体制一样，在金融体制中也存在如何处理政府和市场的关系问题。对此的讨论始自麦金农（1973）开创的金融

抑制论（Financial Repression），在那里，政府首先是"攫取之手"。所谓金融抑制，是指发展中国家的政府人为地将利率压低在通货膨胀率以下，并通过高额准备金率等手段实施人为的信贷配给，以支持政府优先发展的项目或者为政府的赤字融资。但是，这种做法产生了两个相互激化的负面效应：第一，既定的储蓄被分配到了低效率的项目上，从而阻碍了经济增长；第二，低利率压制了储蓄意愿，从而限制了储蓄与资本的积累和经济增长。为此，他们主张回归到"无形之手"：通过大爆炸式的金融自由化改革，放弃利率管制、外汇管制和对金融部门的管制。

金融抑制理论主要描述的是20世纪80年代拉丁美洲的情形，而并非对当时的东亚经济体（还有早期的英国和德国）的描述。在东亚国家，实际发生的是金融约束（Financial Restraint）（Hellmann，Murdock and Stiglitz，1997），其本质就是"援助之手"：政府通过限制竞争和产业政策，克服竞争性市场的缺陷，创造"租金"，从而诱导民间部门增加在纯粹竞争市场中可能供给不足的商品和服务。金融约束有三个不同于金融抑制的地方：第一，在金融约束环境下，政府在民间部门创造租金，而非自身获得租金；第二，金融约束虽然也实施利率管制，但是，利率水平大体保持在通货膨胀率之上，从而使实际利率为正，有助于激励储蓄；第三，以麦金农定义的指标——M2/GDP来描述金融深化，金融约束促进而非阻碍了金融深化。

金融约束对竞争的限制是金融深化的基础。金融领域的过度竞争包括银行部门的过度进入和现有银行之间的过度竞争，这两类竞争都会导致银行业租金的耗散。此外，证券市场（尤其是债券市场）的发展、非正式金融机构的发展以及对外开放也属于过度竞争的范畴，因而都在限制之列。对竞争的限制以及对存贷款利率的管制为银行创造了"特许权价值"（Franchise Value），促使它们经营得更加稳健，有更强的动力监督贷款企业，管理贷款组合的风险；同时，租金也使银行有动力增加其存款基数。金融约束还为企业和居民部门创造了租金，因为在金融约束环境下，较低的贷款利率使一部分租金转移到了生产企业，从而有助于减少信贷市场中的"委托－代理"问题。此外，租金还使企业可以积聚较多的股本，而股本可以作为企业向金融中介提供自身专有信息的信号工具，贷款风险及相关的信息问题就减轻了。对居民部门来说，由于银行经营稳健，实际存款利率为正，增加储蓄的激励也很强。最后，金融约束通常还包括定向信贷政策，这些政策使有限的资金被分配到出口产业中，从而产生了不同于拉美进口替代模式的出口导向增长模式。

然而，与财政分权理论一样，金融约束论也面临一个问题：如何防止政府从"援助之手"蜕变为"攫取之手"？对这个问题，该理论的作者们坦承：虽然随着经济发展，金融约束应该逐渐淡出，但悲哀的事实是，没有一个强约束可以让政府放松金融控制（Financial Control），因为金融约束非常可能变成既得利益者的工具。金融约束论还面临一个问题：该理论（事实上是整个金融发展理论）没有讨论中央和地方政府间金融管理权的分配问题。

在中国，如果说要发展金融约束论的话，那么，这样的约束还应该包括中央对地方竞争金融管理权和金融资源的约束。这种约束除了利率管制和对竞争的限制之外，还包括三个主要内容：第一，对金融机构管理权的控制；第二，对金融市场证券发行的控制；第三，对资本项目的管制。

第三节 2003年之前的财政与金融体制

从1978年改革启动迄今，我国财政与金融体制的演化大体分为三个阶段，其一是1978～1993年十四届三中全会，这一阶段的特点是增长型财政分权体制和金融分权体制；其二是1994～2002年，在这一阶段，增长型财政的实质未变，但分权的内容发生了变化，而金融分权体制在经历了混乱局面之后，演变为金融集权的金融约束体制；其三是2003年之后，这一阶段会在下一节讨论。

1. 增长型财政分权体制：1994年前的"企业财政"

在增长型财政体制下，既然各级政府都是经济增长的积极参与主体，因此，政府间事权乃至财权的分配必然是依据其对资源配置权力的控制。在 1994 年之前，中央和地方分权的依据针对的是创造财富的经济主体——企业，可以称为"企业财政"（周飞舟，2006；李学文等，2012）。当时，中央和地方主要根据企业隶属关系来分配企业的利润（"利改税"之前）或税收（"利改税"之后）。企业财政源自计划经济时代。在计划经济时代，企业按隶属关系分别归中央和地方政府管理，企业利润也依据这样的隶属关系在中央和地方之间划分，企业利润收入甚至成为一个比税收更重要的收入来源。

在 1983 年"利改税"之后，国有企业由上缴利润全部变为缴纳所得税，而财政分权体制延续了 1980 年开始的"分灶吃饭"模式，采取了"划分收支、定额上缴/补助"和"固定比例包干"等两种做法。按照前一种，中央直属企事业单位的收入和关税属于中央，地方政府的收入等于其他剩余的企业收入和税收收入减去一个固定的上缴额（对广东），或加上一个固定的补助额（对福建）；按照后一种方式，根据地方历史财政收支情况，确定一个地方向中央固定的上缴和留用比例。从分灶改革的两种主要方法来看，无论是"划分收支、定额上缴/补助"的方法，还是"划分收支、固定比例包干"的方法，都使地方政府单独或与中央政府一起成为事实上的剩余索取者。在前一种方法中，地方政府的最终收入等于地方政府收入减去定额上缴中央的数额或加上中央对地方的定额补助额。在这种方法中，中央政府类似一个债权人，其收益是相对固定的"利息"收入，风险较小；而地方政府则类似一个股东，其收益是除债权人之外的所有剩余收入，风险较大。在后一种方法中，地方政府则与中央政府一起按比例参与经济成果的分享，经济增长则大家收入增长；反之则大家受损，风险按分成比例共同分担，这类似一种有限公司中股东与股东的关系。无论是使地方政府单独作"股东"，还是使其与中央政府一起作"股东"，都极大地调动了地方发展经济的积极性。另外，由于地方政府在地方经济发展方面相对于中央政府的信息优势，在监督机制不健全的情况下，这种财政分配体制造成的另一个后果就是地方政府存在强烈的欺骗上级的动机。

"分灶吃饭"的直接结果就是地方的"灶"越来越大。这一方面是因为 20 世纪 80 年代开始的中央国有企业管理权下放；另一方面，也是更重要的方面，是因为改革开放后诞生的大多数城乡集体企业都直接由地方政府控制，这些新兴的企业成为当地政府推动经济增长、增加财政收入的主要工具。1984~1993 年，地方财政收入占全部财政收入的比重由不到 60% 上升到 78%（见图 1）。同期，地方财政支出占全部财政支出的比重从 47% 上升到 72%。地方政府的收入大于支出，总体呈现盈余状态。相反，中央政府不仅收支占比不断下降，而且，中央财政始终处于赤字状态。

2. 增长型财政分权体制：1994 年后的土地财政 1.0

在增长型财政体制下，中央和地方分权的另一个重要领域

图1 1954～2011年地方财政收支占总财政收支的比重

资料来源：根据 CEIC 数据计算。

就是投资项目的审批权。在计划经济时代，投资审批权被中央政府严格控制：大型企业 800 元以上、中型企业 500 元以上、小型企业 200 元以上的更新改造、固定资产购置和建设都要纳入固定资产投资计划，超过限额的，即使是修建一个厕所也需要层层上报。不过，在 1958 年"大跃进"时期和 20 世纪 70 年代，为了发挥"两个积极性"，部分投资的审批权短暂地下放到了地方政府，这导致这两个时期地方支出的比重出现了显著上升（见图1）。在其他时间里，地方即使有收入，也难以随意支出。

改革开放后，如同企业财政时期对企业管理权的分权一样，投资审批权也经历了分权的过程（张汉亚和张欣宁，2004）：1983 年，1000 万元以下小型项目的审批权下放到地方；1984年，地方审批的权限从1000万元以下上升到3000万元以下；1987年，地方审批的基础设施和基础产业项目限额扩大到5000万元；1996年，地方对外资项目的审批权限从1000万美元扩大到3000万美元，广东、福建扩大到5000万美元；2001年，不适用国家资金的城市基础设施等五类项目的审批权交给地方。由于审批权的分权属于非正式制度安排，当遇到经济过热的时候，中央就会收权。例如，在1980年、1986年、1988年和1995年投资过热和通货膨胀压力加大的时候，压缩地方投资项目都成为宏观调控的重要手段。

1994年分税制改革之后，由于两个因素，与之前争取获得企业管辖权相比，地方政府愈发重视突破中央对投资审批权的限制。其一，分税制之后，地方政府依赖的主要税种成为中央和地方的分享税种，并且中央拿大头，这就极大地降低了地方政府经营企业的积极性，其中一个案例就是乡镇企业：作为地方政府重要的税源，乡镇企业在1993年达到顶峰后迅速衰落。其二，地方政府寻找到新的财源——以开发区为基础的土地财政。为区别于后面以房地产市场为基础的土地财政，我们将这里的土地财政称为"土地财政1.0"。

我国开发区的种类繁多（见表2）。开发区的大发展是在1993年中央允许省级政府，以及随后省级政府进一步允许下级

表2　中国各类型开发区定义与基本概况

名称	定义与功能	设立情况	归口管理部门
经济特区	兼具自由贸易区和出口加工区功能的综合性特区,区内实行特区经济政策,发展以工业为主、工贸结合的外向型经济,发挥对外开放的窗口和基地作用	1980年批准在深圳、珠海和厦门建立经济特区,1988年划定海南岛为经济特区	中央或省级政府
经济技术开发区	在沿海开放城市及其他开放城市划定小块区域,集中力量建设完善的基础设施,创建符合国际水准的投资环境,通过吸收利用外资,以兴办工业项目为主,形成以高新技术产业为主的现代工业结构,成为所在城市及周围地区发展对外经济贸易的重点区域	1984~1988年首批大连等14个,1990年第二批哈尔滨等18个,2000~2002年第三批合肥等17个,2002年之后又批准多批	商务部
高新技术开发区	以智力密集和开放环境等条件为依托,主要依靠国内的科技和经济实力,充分吸收和借鉴国外先进科技资源、资金和管理手段,通过实施高新技术产业的优惠政策和各项改革措施,实现软硬环境的局部优化,最大限度地把科技成果转化为现实生产力而建立起来的集中区域	1988年批准中关村,1991年批准武汉东湖等27个,1992年批准苏州等25个,1997年批准杨凌,之后又批准多次大批	科技部
保税区	经国务院批准的开展国际贸易和保税业务的区域,类似国外的自由贸易区,区内允许外商投资经营国际贸易、发展保税仓储、加工出口等业务	1991~1992年批准天津港等12个,1996年批准深圳盐田和珠海,之后又批准多批	海关总署
边境经济合作区	沿海开放城市发展边境贸易和加工出口的区域	1992年开始批准	地方政府

续表

名称	定义与功能	设立情况	归口管理部门
出口加工区	经国家批准设立,由海关监管的特殊封闭区域,货物从境内区外进出加工区视同进出口,海关按进出口货物进行监管	2000年开始设立,设立多批	海关总署
国家旅游度假区	为进一步扩大对外开放,开发利用我国丰富的旅游资源,促进旅游业由观光型向观光度假型转变,鼓励外商投资开发旅游设施和经营旅游项目,加快旅游业发展而设立的开发区	1992年开始批准	国家旅游局
台商投资区	为推进两岸经贸关系的发展,加快我国改革开放,专为台商设立的投资区域	1989年批准厦门海沧、杏林、福州,1992年批准集美	地方政府
综合开发区	集生产、流通、金融等功能于一体的大型综合开发区域	以上海浦东新区、天津滨海新区为代表	地方政府
自由贸易区	投资、贸易、金融及行政管理体制进一步对外开放的试验区域	2013年批准设立中国(上海)自由贸易试验区	地方政府

资料来源:根据张艳:《我国国家级开发区的实践及转型》,同济大学2008年博士学位论文,第5页及其他内容整理。

政府审批设立开发区之后。设立开发区的好处是,除了可以利用税收、土地资源等方面的优惠来吸引企业之外,也可以突破上级政府对投资的审批限制以及后面将要提到的金融约束。在本质上,土地财政1.0就是地方政府掌握的土地要素与资本要素(乃至资本雇佣的劳动力要素)的结合:地方政府圈地设立开发区,以吸引企业,尤其是受到鼓励的外资企业来投资办厂,从而增加地方的财政收入。由于资本的流动性,相互竞争的地方政府除了需要维持良好的投资环境之外,还不得不以协议转让的方式提供尽可能廉价的土地。类似早期公共财政理论中的税源流动性一样,资本的流动性成为地方政府面临的最大约束,这使中国的地方政府成为或许是全世界上最为资本友好型的政府。

在发展经济学中,资本短缺始终是落后经济无法起飞的瓶颈。因此,资本友好型的"援助之手"就构成了我国迅速工业化的基础。仅以开发区中的一种——高新技术开发区为例,可以看到,高新技术开发区的总产值占GDP的比重不断上升:2003年占比为12.7%,到2008年达到16.8%,2011年更是上升到22.3%(见图2)。在众多类型的开发区中,仅此一种就占了1/5左右的GDP。如果把表2中林林总总、各种类型的开发区统计上,估计全中国GDP的十之八九都来自开发区。

但是,同前期的"企业财政"一样,圈地投资进而引发经济过热和通货膨胀的外部性问题始终存在。例如,针对全国各类开发区过多过滥,一些地方借开发区之名乱占耕地、违规用地,侵犯农民利益,并造成土地浪费严重等突出问题,从2003年7月开始,国务院先后三次部署开展了对开发区的集中清理整顿。2003年7月18日,国务院办公厅下发《国务院办公厅关于暂停审批各类开发区的紧急通知》,重点清查省及省级以下人民政府和国务院有关部门批准设立的各类开发区,

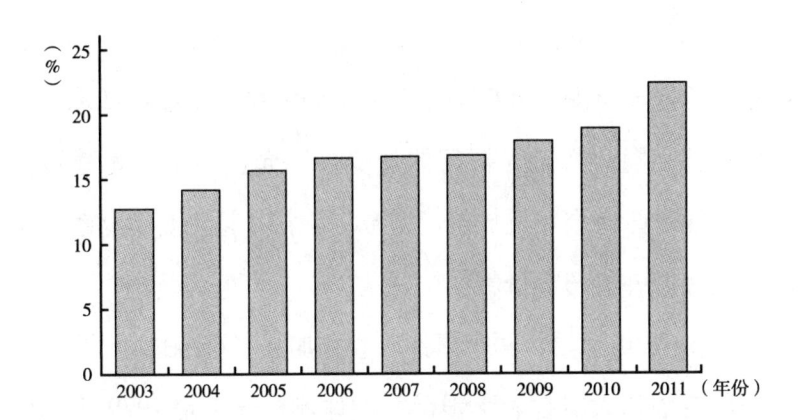

图 2　2003~2011 年中国高新区总产值占全国 GDP 的比重

资料来源：根据 Wind 数据和《中国统计年鉴》数据计算整理。

以及未经批准而扩建的国家级开发区。2003 年 7 月，国务院办公厅再次发出《国务院办公厅关于清理整顿各类开发区加强建设用地管理的通知》，要求各地抓紧对现有各类开发区进行清理整顿，切实做到减少数量、压缩规模、提高质量。即使到土地财政 2.0 版本出现的 2003 年之后，中央依然在忙着清理整顿开发区。例如，2005 年 8 月，国务院颁布了《清理整顿开发区的审核原则和标准》，对设立 5 年以上、入区企业少、开发面积不足 20% 的开发区和严重污染环境、破坏生态的开发区予以撤销。

3. 金融约束体制的建立：2003 年之前的金融分权和集权

1994 年是金融体制从分权到集权的转折点。1994 年之前的金融分权之所以能够发生，主要是因为我国的金融体系正处于"混沌初开"后"自下而上"的成形阶段。在计划经济时代,我国仿照苏联建立了所谓的"大财政、小银行"的体制,财政体系而非金融体系担当了分配资源的核心功能:基本建设投资全部由财政拨款,银行信贷资金不允许用于基本建设投资,只能对国有企业发放流动资金贷款,并且主要是财政定额流动资金以外的超额贷款。

从1979年开始,两个事件确立和加强了金融体系的功能,进而改变了"大财政、小银行"的体制。一个是1979年国务院批准的"拨改贷"试点,即允许建设银行试点将财政用于基本建设的拨款转为贷款。国务院随后又决定,从1981年起,凡是实行独立核算、有还款能力的企业,其进行基本建设所需的投资,除尽量利用企业自有资金外,一律改为银行贷款。另一个是1979年10月邓小平关于"把财政拨款制度改为银行信贷制度,把银行作为经济发展、革新技术的杠杆"的讲话,这使计划经济时代只发放短期信贷的银行机构开始转向了长期的固定资产投资信贷业务。

在银行信贷资金取代了财政资金成为固定资产投资的主要资金来源之后,地方政府就有了"套取"银行信贷的动机。不过,这种动机的实现还得依靠两个条件:"自下而上"式的金融改革和雏形未现的中央金融管理体制。1994年以前的金融改革具有典型的"自下而上"的特点,这为地方政府介入金融资源的调配提供了便利。首先,在银行体系中,1979年以后陆续成立的中、农、工、建等国有专业银行均是以区域为核心的"块块"结构,地方分支行的权力极大，而地方政府对这些地方分支行又有很大的影响力，甚至有人事任免权。其次，各地出现了大量由地方政府批准设立的非银行金融机构，尤其是信托公司。这些信托公司名为经营"信托"，实则都在做"信贷"：通过吸收存款和同业拆借资金用以发放贷款。一些地方政府为了使地方所属的信托投资公司扩大融资规模，甚至公开下文要求地方管辖的企事业单位将自有资金和专项资金放在信托投资公司的账户上①。其三，包括货币、债券和股票市场在内的各种金融市场都是"自下而上"发展起来的。除了中央认可、地方管理的上海和深圳交易所之外，各地成立了数量众多的证券交易中心、资金拆借市场，这些中心和市场有的是中国人民银行的省市分行出面组建的，有的是地方政府单独或者与企业共同组建的。

在财政分权的格局下，"自下而上"式的金融改革造就了金融分权，而中央金融管理体制尚未确立的状况则大大加强了分权的程度——这非常类似于大萧条前美国的情形。在1992年10月国务院成立证券管理委员会和中国证监会之前，当时的中央金融管理体制实际上是中国人民银行一家机构对信贷和非信贷业务、银行和非银行金融机构以及各种金融市场实施管

---

① 例如，1982年2月13日，甘肃省计委等部门发出联合通知，决定把存在银行账户的专项基金存款，转作地方信托存款，由地方负责支配。这次事件直接导致了中央的强烈反弹，国务院立即要求甘肃省政府纠正以上做法，并发出了《关于整顿国内信托投资公司业务和加强更新改造资金管理的通知》。

理。但是，这种管理的效力至少因为两个原因而被大大削弱了。首先，中国人民银行的组织架构也是仿照国有专业银行的做法，实行由上至下、以行政区域为主的管理架构，在省、直辖市和自治区设立分行，在地区一级设立中心支行，市县设立支行，这些分支行具有很大的权力，而地方政府又对中国人民银行的这些分支行有很大影响。其次，尽管通过设立中国工商银行剥离了中国人民银行办理的信贷和储蓄业务，但是，"政企不分"依然是中国人民银行的主要特点，突出表现在中国人民银行广泛地参与各种金融市场的设立和管理中，并利用奇高的法定存款准备金率参与信贷资金的分配。

金融权力的上收始于1993年对混乱金融秩序的清理整顿，包括对信托公司的全面清理、证监会对各地证券市场的整顿以及当时的国家计委对企业发债权力的上收（参见殷剑峰，2006）。不过，系统性、彻底的收权来自1993年12月25日国务院根据十四届三中全会精神做出的《国务院关于金融体制改革的决定》。这个决定明确指出要建立"强有力的"中央银行宏观调控体系，要建立"统一开放、有序竞争、严格管理"的金融市场。之后，1995年的《中国人民银行法》确定了币值稳定乃央行首要职责，严禁央行向各级政府部门提供贷款；1995年的《商业银行法》则要求强化统一法人体制，实行严格的授权授信制度，并确立了分业经营的原则，不准商业银行参与信托、保险、证券业务。1997年亚洲金融危机之后，在继续收拾过去遗留的巨额呆坏账、继续清理信托公司和各地证券交易中心的同时，我国开始了艰巨的国有商业银行改革任务。直至2002年第二次全国金融工作会议上明确了国有独资商业银行改革是金融改革的重中之重，并指出改革的方向是按现代金融企业的属性进行股份制改造。

从1993年开始治理整顿直至2002年金融约束体制基本建立，中国的金融体制具有了金融约束论描述的所有典型特征：第一，虽然利率管制一直处于不断放松的过程中，但存款利率上限和贷款利率下限没有取消，存款上限一直高于通货膨胀率——这也是得益于当时全球性通货紧缩的背景；第二，过度竞争受到限制，不仅银行的准入受到限制，而且金融市场，尤其是与银行贷款业务直接竞争的债券市场处于被抑制的状态①。此外，除了外国直接投资（FDI）之外，资本项目受到严格管制；第三，中央对地方调动金融资源的能力实行了严格的约束，包括整顿地方金融机构，严格限制地方新设金融机构，加强对信贷规模和金融市场融资的控制等②。

---

① 例如，根据1993年的《企业债券管理条例》和《中华人民共和国公司法》，只有股份有限责任公司、国有企业可以发行企业债券，而且累计债券总额不得超过企业净资产的40%。

② 例如，1993年《企业债券管理条例》第十一条规定："中央企业发行企业债券，由中国人民银行会同国家计划委员会审批；地方企业发行企业债券，由中国人民银行省、自治区、直辖市、计划单列市分行会同同级计划主管部门审批。"

在分税制后财政体制依然保持分权的同时,金融约束体制的建立促进了金融深化,同时扭转了前期金融分权造成的信用膨胀和通货膨胀倾向。图3显示,从1994年开始,"超贷"现象得到迅速纠正,贷存比自此一直小于100%;而M0/GDP也一改之前不断上升的趋势,自1994年后(除了亚洲金融危机期间)就不断下降。"超贷"现象的改变和M0/GDP的下降反映了一个基本事实:地方政府通过金融分权"倒逼"货币发行的机制得到纠正,信用膨胀乃至通货膨胀压力得到控制。

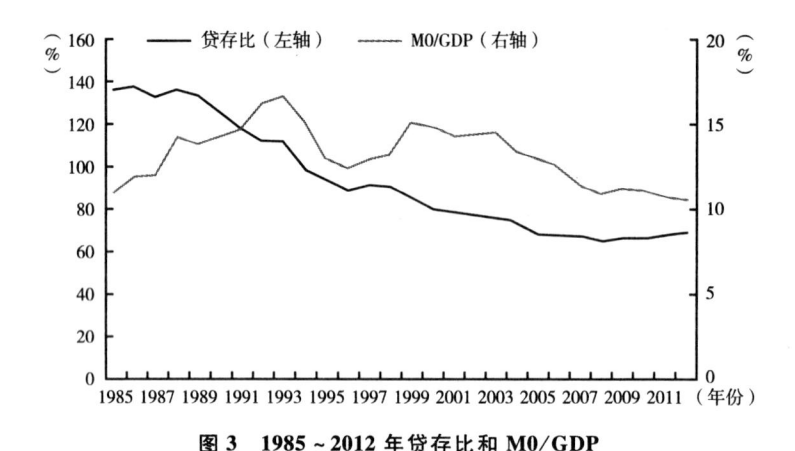

图3 1985~2012年贷存比和M0/GDP

资料来源:根据中国人民银行和国家统计局数据计算。

第四节 自2003年以来的财政与金融体制

从2003年开始,我国的财政与金融体制发生了重大的变化。在增长型财政体制未发生变化的情况下,由于房地产业于

2003年开始成为"支柱"产业,中央和地方的分权开始极大地向地方倾斜,中央利用投资审批权来限制地方投资冲动的约束大大弱化。与此同时,金融集权的金融约束体制也由于多种因素开始弱化,尤其是在土地财政的支持下,地方对金融管理权的控制明显加强。在财政和金融同时向地方分权的情况下,地方发展经济的"阳气"日盛,最终逐渐演化为导致房地产泡沫、经济过热的邪气。

1. 增长型财政分权体制:土地财政 2.0

2003年,政府换届正式完成。同时,我国的财政体制中出现了一个新的事物:以住房市场为载体的新的土地财政模式——土地财政 2.0 版本。土地财政 2.0 的兴起源自两个条件:第一,1999年住房体制的改革打开了住房市场化的大门,商品房市场迅速发展;第二,在既定的土地制度下,土地供应机制发生了变化。根据2002年7月1日国土资源部颁布的《招标拍卖挂牌出让国有土地使用权规定》,经营性土地全部实行"招拍挂"方式。自此,在无偿转让、协议出让之外,我国土地供应就出现了俗称为"招拍挂"的新形式。

虽然土地财政 1.0 与土地财政 2.0 都是地方政府垄断性地供应土地,但是,两者存在三个关键差别。第一,在土地财政 1.0 中,土地是作为生产要素,通过与资本和资本雇佣的劳动力一起加入生产环节,间接地产生收入。而在土地财政 2.0 中,土地成为住房产业链中的"原料",因而可以通过"原料"的直接售卖产生收入。第二,土地财政1.0下间接产生的收入是长期的,依靠企业的持续经营,地方政府需要"细水长流"。而土地财政2.0下直接产生的收入却是一次性的,地方政府在卖地的时候一次性地收取土地使用期间(一般70年)所有的收入,因此,本届政府完全可以不顾未来,为了"权"和"钱"尽可能多地卖地。第三,在土地财政1.0中,地方政府面对的是具有流动性的资本。而在土地财政2.0中,面对的却是不具有流动性的住房需求,这就导致整个住房产业结构呈现上游垄断、下游高度竞争的格局。在这种格局下,如同其他行业(如钢铁行业)一样,必然是上游获得垄断收入。

住房需求不具流动性除了是因为刚性的自住需求之外,还来自导致劳动力要素市场分割的两个互相关联的因素:户籍制度和公共品的区域分割。户籍制度对人口流动的限制皆已熟知,而公共品的区域分割指的是,在基于"援助之手"的财政分权体制下,本应由中央政府统一提供的公共品变成了由地方政府提供的区域性公共品,本应由所有公民统一享有的公共品却按照城市户口和农村户口划分了不同的标准。在公共品区域分割的情况下,我国基本的社会保障(养老、医疗、失业救助等)至多只能做到"省统筹",义务教育的财政投入在各地也存在巨大的差异,住房保障(住房公积金、经济适用房、廉租房等)也是区域分割的,甚至资本品的消费（如住房）也因近些年的宏观调控（"限购"政策）变成了区域性的①。

综上所述，土地财政2.0区别于土地财政1.0的三个特点为地方政府带来了滚滚财源。观察图4可以看到，全国土地出让金由2002年的2400多亿元增至2003年的5400多亿元，飙升了一倍多，同期，土地出让金在地方本级财政收入的比重由28%增至55%。

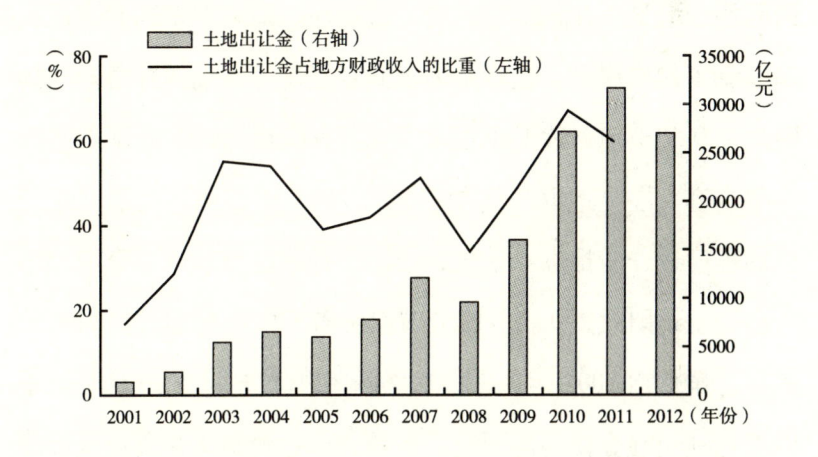

图4　2001~2012年土地出让金收入及其占地方财政收入的比重

资料来源：根据CEIC数据计算。

除了土地出让金之外，土地收益还应该包括与土地相关的房地产和建筑业税费收入，如城镇土地使用税、土地增值税、耕地占用税、房产税、契税等。1999~2009年，土地出让金

---

① 在有些地方，如上海，非本地户籍甚至不能购买定期缴费的手机。

和包括税费的土地收益在地方财政收入中的比重在东部分别为42%、53%,在中部分别为29%和37%,在西部分别为24%和31%(骆祖春,2012)。因此,土地财政2.0下的土地收益主要还是以土地出让金为主,同时,土地出让金的比重呈现从东部向西部递减的趋势,这与我国房地产市场的发展程度以及房价从东部向西部递减是一致的,但这并非巧合。许多人曾经争论地价和房价的关系,这虽然多少属于"鸡生蛋、蛋生鸡"的问题,但是,在整个住房产业链呈现从原材料垄断到产成品高度竞争的格局下,显然是地价决定了房价,而非反之。土地财政2.0和土地财政1.0共同构成了我国地方政府土地财政的完整内容。在土地财政体制下,自2003年以来,我国财政分权的程度进一步提高。首先,由于土地出让金几乎完全归地方所有,土地财政2.0就从收入方面突破了中央对地方的约束[1]。其次,虽然自2007年以来,国务院和财政部陆续出台了若干限制土地出让金使用的规定,但是,土地财政2.0还是直接绕开了投资项目审批制,从而使中央对地方的约束进一步失灵。在这种情况下,就出现了一个看起来很矛盾的政策组合:一方面,从2002年《退耕还林条例》颁布以来,中央大力,甚至

---

[1] 1994年的分税制方案规定土地出让金作为地方预算外收入不参与中央和地方的分成。1998年《中华人民共和国土地管理法》第五十五条规定,新增建设用地的土地有偿使用费由中央和地方按三七开分成。

"严厉"地推行"退耕还林、封山绿化、以粮代赈、个体承包"的政策措施①;另一方面,中央却以保护耕地的名义,规定"18亿亩红线"不得突破。最后,旧的约束——投资项目审批制也因为2003年的"铁本事件"而放松。根据2004年《国务院关于投资体制改革的决定》,审批制至少在名义上被取消了。于是,地方对中央政策的不断突破和投资审批制的分权使地方的投资项目进一步上升:2002~2011年,地方投资项目的金额占比从80%上升到93%(见图5)。

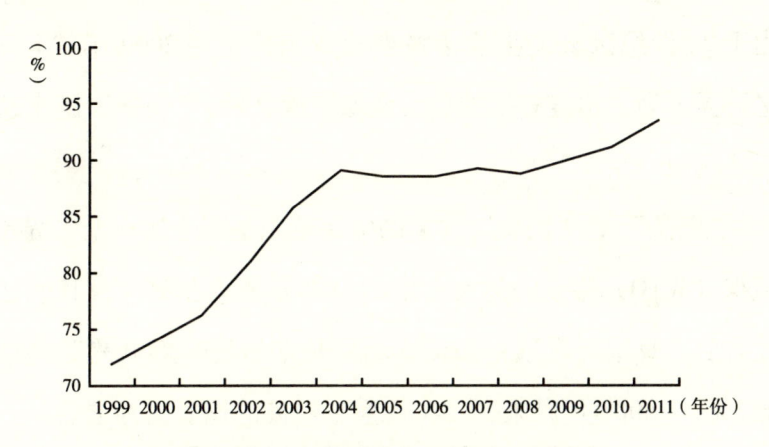

图5 1999~2011年地方投资项目金额占比

资料来源:根据CEIC数据计算。

2. 金融约束的弱化:自2003年以来的金融分权倾向

以2003年中国银监会的成立为标志,我国金融管理体制

---

① 例如,根据该条例第六十二条,"退耕还林者擅自复耕,或者林粮间作、在退耕还林项目实施范围内从事滥采、乱挖等破坏地表植被的活动的,依照刑法关于非法占用农用地罪、滥伐林木罪或者其他罪的规定,依法追究刑事责任"。

正式形成了俗称"一行三会"的分业经营、分业管理的架构。此外，由于历史原因（也有部委间争权的因素），其他一些部委也参与到对某个市场（如国家发改委对企业债）、某类金融机构和业务（如商务部对融资租赁）的金融管理中。当然，财政部在金融管理中的地位是不言而喻的，尤其在增长型财政体制下更是如此。于是，"一行三会"以及各个部委就形成了所谓的"条条"。这些"条条"与地方政府的"块块"的博弈构成了自2003年以来我国金融体制的基本特征。不幸的是，由于21世纪以来发生的诸多变化，尤其是在2009年"4万亿"及其背后极度宽松的货币金融政策之后，"条条"越来越无法约束"块块"。

"条条"对"块块"约束的弱化首先是因为加入世界贸易组织（WTO）带来的更大力度的对外开放。在第二章我们已经看到，我国经常项目和资本项目长期呈现"双顺差"的格局，而自2003年以来，"双顺差"规模的增长尤为显著。一方面，"双顺差"反映了人口红利时期对外部市场和外部资本输入的需求。另一方面，我国的双顺差也源自"土地"对"金融资本"的渴望。我们知道，在其他大型经济体，资本项目的顺差意味着国内储蓄的不足，因而需要通过贸易赤字和经常项目逆差来借用别国的储蓄（如美国）；资本项目的逆差则意味着国内储蓄的过剩，因而要通过贸易盈余和经常项目顺差输出储蓄（如德国和日本）。我国的"双顺差"则说明，通过资本项目顺差（主要是 FDI）进来的资本并非国外储蓄（即实物资本的输入），而是纯粹金融意义上的"金融资本"。对这种金融资本的输入，结合前面财政体制的分析，它在相当程度上是地方政府绕开金融约束，用土地来吸引资本的结果——这也间接地说明了金融约束体制下中央对金融管理权的控制必须包含资本项目管制的原因。

"条条"对"块块"约束的弱化还来自"条条"之间的竞争（殷剑峰，2006）。"条条"竞争的实质是部委间权力的争夺——这说明"条条"和"块块"一样都是经济人，财政分权理论中的"钱"论和"权"论或许同样适合于此。以非金融企业债券为例，在发行方面它主要由中国人民银行（通过银行间市场交易商协会）、中国证监会和国家发改委分管，在交易方面由中国人民银行和证监会分管银行间市场和交易所市场。在 2005 年之前，非金融企业债市场除了证监会管理的少量可转债品种之外，几乎完全由国家发改委管理的企业债垄断，市场几无生机。"条条"之间的竞争始于 2005 年中国人民银行推出短期融资券，当年债券存量飙升，增速高达150％。2009 年中国人民银行推出中期票据后，进一步产生了刺激效应，因为中期票据与国家发改委的企业债以及证监会推出的公司债在属性上并无太大差异。"条条"间的竞争是我国非金融企业债在 2005～2012 年短短的 7 年间翻了 20 多倍的主要原因，此间中国人民银行管辖的短期融资券和中期票据在市场中的份额由0%上升到57%强，证监会下属的债券品种份额也有显著上升，而国家发改委的权力空间被压缩了。那么，"条条竞争"是谁得利呢？"块块"！表3显示，地方国企发债的份额从2005年的不到24%上升到2012年的近43%，而地方国企发债中又有一半左右是地方融资平台的"城投债"。另外，表3也说明，我国的债券市场显然不是为民营企业服务的，包括民营企业在内的其他企业发债份额只有不到7%。

金融创新也是金融约束弱化的重要因素。进入21世纪以来，我国金融创新的步伐逐渐加快。这一方面是因为"条条"竞争，另一方面是因为各地政府"自下而上"的金融改革。这些创新产生的直接结果就是中国式的"影子银行"和"银行的影子"，它们成为绕开银行和资本市场管制，进而促使金融约束弱化的重要因素（在后面的章节中有更详细的讨论）。

最后，"条条"无法约束"块块"就在于与土地财政相伴的土地金融。从统计上看，直接发生的土地金融包括土地贷款、房地产企业开发贷款、个人按揭贷款等。表4显示，在人民币信贷中，房地产贷款大约占18%，约占中长期贷款比重的1/3；在房地产贷款中，2/3左右是住房贷款（主要是个人按揭贷款），地产和房产开发贷款分别占8%左右和25%左右。虽然这种计算已经表明土地金融的规模不可小觑，但是，它实

表3 我国非金融企业债的规模和结构

年份	非金融企业债		分管部委结构(%)			发行结构(%)		
	合计(亿元)	增速(%)	中国人民银行	国家发改委	证监会	央企和铁道部	地方国企	其他
2001	480.36		0	100	0	75	23	2
2002	718.30	50	0	100	0	83	15	2
2003	996.30	39	0	100	0	81	17	2
2004	1282.50	29	0	100	0	83	16	1
2005	3247.00	153	43	57	0	74	24	2
2006	5452.10	68	47	53	0	66	30	3
2007	7822.45	43	41	58	1	64	32	4
2008	13125.35	68	45	52	3	71	27	2
2009	25355.18	93	52	44	4	66	31	2
2010	36562.88	44	55	40	5	62	35	3
2011	49901.76	36	58	36	6	57	38	5
2012	72854.69	46	57	35	8	50	43	7

资料来源：中国社会科学院金融所财富管理研究中心。

表4 房地产贷款的比重

单位：%

年份	房地产贷款/ 贷款	房地产贷款/ 中长期贷款	地产贷款/ 房地产贷款	房产贷款/ 房地产贷款	住房贷款/ 房地产贷款
2005	14.23	31.67			67.00
2006	16.33	34.54			61.68
2007	18.34	36.49			62.50
2008	17.40	34.06			63.45
2009	18.34	32.96	9.11	25.51	65.51
2010	19.66	32.60	8.85	24.66	66.49
2011	19.59	33.16	7.15	25.34	67.46
2012	18.98	33.31	7.10	25.80	67.11

资料来源：根据 CEIC 数据计算。

际上忽略了一个基本事实：我国大部分的信贷，甚至非金融企业债券的基础都是以土地为抵押、质押的，并且，即使是非土地抵押、质押的贷款也会因为土地价值而发生波动——这一点在发生危机的国家已经被证明过无数次了。

需要强调的是，近些年地方主动开展的"自下而上"式的金融改革和创新是金融约束弱化的重要原因。例如，过去几年各地政府再次如20世纪80~90年代那样大力兴办各种交易场所[①]；在2008年全球金融危机之后，各地政府打着解决小企业融资难的旗号兴办了包括小贷公司在内的各类地方金融机

---

① 2011年11月，国务院下发了《国务院关于清理整顿各类交易所切实防范金融风险的决定》，开始清理之前放纵后造成的烂摊子。

构。同时，受地方政府控制的城市商业银行、农村商业银行、农村信用社等也纷纷加入金融创新的行列中来，例如，根据中国社会科学院金融所财富管理研究中心的跟踪分析，这些以往名不见经传的金融机构是自2009年以来银行理财产品的重要发行群体。

3. 财政分权和金融分权的后果：不可持续的增长

在财政和金融同时分权的状况下，我国的杠杆率显著上升，房地产热度则是越调控越上升，系统性金融风险日趋显著。有关金融风险问题我们将在最后一章中讨论，这里着重分析土地财政、土地金融和土地GDP的不可持续性。

首先看土地财政。我们以2003~2011年各省份的财政收入对各省份的土地（城市建成区面积）进行面板分析，从而得到各省份的财政收入的土地弹性。图6显示，在落后的中西部地区（如云南、陕西、甘肃等地），财政收入的土地弹性大体为40亿元/平方公里到50亿元/平方公里；在发达的东部地区（如山东、广东），这个弹性仅约为20亿元/平方公里。将财政收入的土地弹性与各省份的财政收入做一对比，显然，财政收入的土地弹性呈现规模报酬递减的趋势：财政收入越高的地方，新增1平方公里土地产生的财政收入越低。这不仅意味着土地财政在东部地区的不可持续性，也说明，随着中西部地区土地资源的逐渐耗尽，我国整体的土地财政都将不具有可持续性。

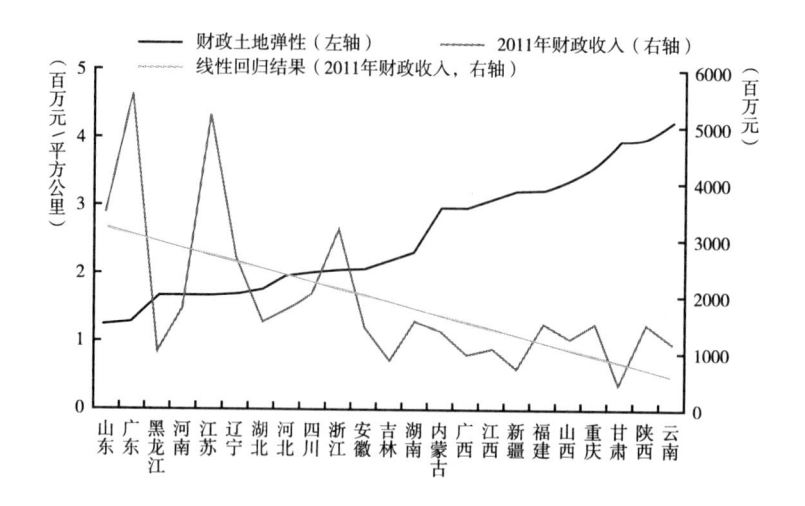

图 6　部分省份财政土地弹性和 2011 年财政收入

注：财政土地弹性为 2003 ~ 2011 年各地财政收入对城市建成区面积进行面板回归的结果；各地系数均高度显著；为作图方便，省略了西藏、贵州、湖南等地，也未包括北京、上海、天津三个城市化基本完成的直辖市。

其次看土地金融，仅以信贷为例。仿照前一节关于财政收入的土地弹性的计量，我们依然使用这些省份 2003 ~ 2011 年的面板数据分析，可以发现，各省份贷款的土地弹性都非常显著，且呈现如同财政收入的土地弹性那样的规模报酬递减规律（见图 7）：在西部的贵州、云南等贷款规模较小的省份，每平方公里的建成区面积会带来 40 亿元左右的贷款；而在东部贷款规模较大的广东、山东，新增 1 平方公里建成区只能带来 10 亿多元的贷款。同上面的土地财政一样，这表明，随着土地资源的耗尽，基于土地抵押的金融发展模式也是不可持续的。

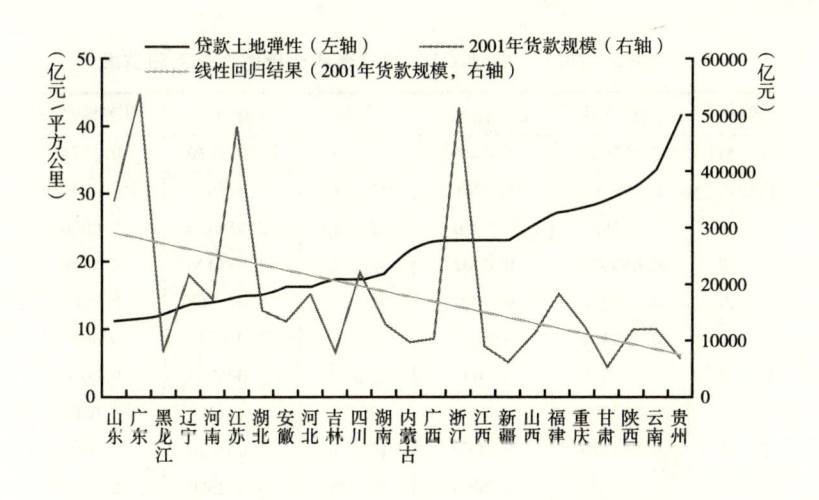

图7　部分省市贷款土地弹性和2011年贷款规模

注：财政土地弹性为2003~2011年各地财政收入对城市建成区面积进行面板回归的结果；各地系数均高度显著；为作图方便，省略了西藏、贵州、海南等地，也未包括北京、上海、天津三个城市化基本完成的直辖市。

最后看土地GDP。表5为对2003~2011年28个省份GDP的面板数据分析结果。可以看到，各省份GDP对土地和投资的系数均显著，并且，总体的计量效果（调整后R^2和DW值）也不错，各省份的GDP均表现出对土地和投资的依赖。如果进一步将各省份GDP对土地和投资的系数与各自的GDP规模做一比较，我们发现，同土地财政和土地金融一样，GDP的土地弹性也表现出规模报酬递减的趋势：在GDP规模高的地区（如广东），每新建1平方公里建成区所能产生的GDP仅为1.5亿元，而GDP规模低的内蒙古则接近7亿元，28个省份GDP的土地弹性与GDP规模的相关系数为-0.57。不过，GDP的投资弹性却呈现规模报酬递增的趋势：在经济总量高

表5　2003~2011年各地GDP对投资和土地的面板回归结果

省份	投资弹性	显著性水平	省份	土地弹性	显著性水平
西　藏	0.452924	0.0146	浙　江	-1.015630	0.1124
内蒙古	0.579794	0.2281	广　东	1.491676	0.0044
云　南	0.595930	0.0000	辽　宁	2.865436	0.0000
宁　夏	0.668973	0.0002	湖　北	2.987476	0.0000
江　西	0.738915	0.0000	江　苏	3.005769	0.0000
安　徽	0.744404	0.0000	山　东	3.056741	0.0000
甘　肃	0.767368	0.0000	黑龙江	3.091703	0.0000
吉　林	0.779900	0.0000	吉　林	3.254208	0.0000
重　庆	0.844173	0.0000	四　川	3.451750	0.0000
辽　宁	0.872397	0.0000	安　徽	3.622590	0.0000
新　疆	0.895657	0.0000	新　疆	3.735857	0.0000
青　海	0.913540	0.0000	重　庆	4.063255	0.0000
海　南	0.921675	0.0000	湖　南	4.191733	0.0000
河　北	0.922400	0.0000	甘　肃	4.298701	0.0000
广　西	0.946008	0.0000	山　西	4.330335	0.0000
河　南	0.950355	0.0000	河　南	4.535274	0.0000
贵　州	0.967000	0.0000	广　西	4.598416	0.0000
陕　西	0.978279	0.0000	陕　西	4.764250	0.0000
福　建	1.003128	0.0000	宁　夏	4.872450	0.0003
四　川	1.019360	0.0000	江　西	4.875858	0.0000
黑龙江	1.024831	0.0000	河　北	5.227970	0.0000
山　西	1.091242	0.0000	贵　州	5.288326	0.0000
湖　北	1.199684	0.0000	云　南	6.956683	0.0000
湖　南	1.213603	0.0000	内蒙古	6.984318	0.0308
山　东	1.296745	0.0000	福　建	7.324874	0.0000
江　苏	1.445938	0.0000	海　南	7.907048	0.0000
浙　江	2.492587	0.0000	青　海	10.932550	0.0001
广　东	2.684084	0.0000	西　藏	14.103730	0.0005

调整 R^2 = 0.99, DW 值 = 2.02 (Weighted Statistics)
调整 R^2 = 0.99, DW 值 = 1.67 (Unweighted Statistics)

注："投资弹性"为每亿元投资能够产生的GDP（亿元），"土地弹性"为每1平方公里城镇建成区面积能产生的GDP（亿元）；表中忽略了回归的常数项。

的广东、浙江、江苏、山东等地，GDP 的投资弹性最高，每 1 亿元投资能够带来 2 亿元左右的 GDP 增长；在经济规模低的内蒙古、云南等地，每 1 亿元投资仅能产生 0.5 亿元的 GDP 增长，28 个省份 GDP 对投资的弹性与 GDP 规模的相关系数为 0.74。在我国经济增长主要依靠要素投入的大背景下，这种 GDP 投资弹性随 GDP 规模递增的结果不应该理解为投资要素的边际报酬递增，而是应该从需求角度予以理解：在土地资源愈发匮乏的东部地区，GDP 的增长更加依靠投资的增长，而投资在支出法 GDP 构成中的份额越来越高。因此，GDP 投资弹性的规模报酬递增也恰恰反映了目前的增长方式是不可持续的。

第五节　阴阳经济学："阳气"变"邪气"

随着土地财政 2.0 版本的形成和金融约束的弱化，自 2003 年以来，我国的财政金融体制似乎再次恢复到了 1994 年前的状况：增长型财政体制下的财政分权和金融约束弱化导致的金融分权。增长型财政分权体制使地方政府充满了追逐 GDP 的冲动，而金融分权则使这样的冲动得不到有效约束。

"阳气"过旺必生"邪气"。在土地 GDP 不可持续的同时，这股邪气正在使许多人寄予厚望的城镇化难以成为经济增长的新引擎。我们知道，城镇化对经济的推动作用主要来自人口的集聚，通过人口集聚会在供求两个方面推动增长、改善民生：第一，从供给的角度看，人口集聚会提高效率、推动技术进步，从而产生要素报酬规模递增的效应和生产成本规模递减的效应；第二，从需求的角度看，人口集聚扩大了公共品需求的规模，从而有利于降低公共服务的成本——因为公共服务也是规模报酬递增或规模成本递减的，公共品需求的满足也将刺激其他类型的消费。但是，在2003年以来的土地财政2.0模式下，我们看到的却不是人口集聚，而是人口密度的下降。图8显示，在土地财政2.0尚未成形的2002年以前，我国城市建成区的人口密度从1.8万人/平方公里上升到了2万人/平方公里，但是，从2002年开始，人口密度持续下降至2011年的不到1.6万人/平方公里。所以，在目前的土地财政模式下，尤其是在土地财政2.0的模式下，希冀城镇化成为我国未来经济增长的动力是不现实的。

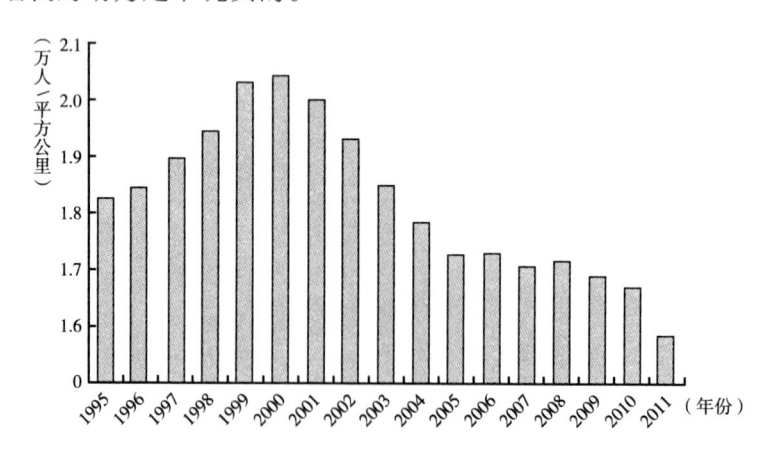

图8 城镇建成区人口密度

资料来源：根据《中国统计年鉴》数据计算。

参考文献

布鲁和格兰特:《经济思想史》,北京大学出版社,2008。

陈抗、Arye L. Hillman、顾清扬:《财政集权与地方政府行为变化——从援助之手到攫取之手》,《经济学(季刊)》2002年第2(1)期。

丁骋骋和傅勇:《地方政府行为、财政—金融关联与中国宏观经济波动》,《经济社会体制比较》2012年第6期。

李学文、卢新梅、张蔚文:《地方政府与预算外收入:中国经济增长模式问题》,《世界经济》2012第8期。

李扬和殷剑峰:《劳动力转移过程中的高储蓄、高投资和中国经济增长》,《经济研究》2005年第2期。

骆祖春:《中国土地财政问题研究》,南京大学博士研究生论文,2012。

麦金农:《经济发展中的货币与资本》,上海三联书店,1988。

毛泽东:《论十大关系》,载《毛泽东选集》第5卷,人民出版社,1977。

沃尔顿和罗考夫:《美国经济史》,中国人民大学出版社,2011。

张汉亚和张欣宁:《政府该管什么?——中国投资体制改革的历程》,江西人民出版社,2004。

张军:《分权与增长:中国的故事》,《经济学(季刊)》2007年第10期。

周飞舟:《分税制十年:制度及其影响》,《中国社会科学》2006年第6期。

周黎安:《中国地方关于的晋升锦标赛模式研究》,《经济研究》2007年第7期。

周小川:《我国金融改革中自下而上的组成部分》,《中国金融》2012年第23期。

Blanchard, O., and A. Shleifer. 2000. Federalism with and without Political Centralization: China versus Russia. MIT Working Paper.

Hellmann, Murdock and Stiglitz. 1997. Financial Restraint: Towards a New Paradigm. *The Role of Government in East Asian Economic Development Comparative Institutional Analysis*, Clarendon Press: Oxford, pp. 163–207.

Tiebout. 1956. A Pure Theory of Local Expenditure. *Journal of Political Economy*, 64 (5), 416 – 424.

Xu and Qian. 1993. Why China's Economic Reforms Differ: the M – Form Hierarchy and Entry/Expansion of the Non – State Sector. *Economics of Transition*, 1 (2), 135 – 170.

第四章
人民币国际化：危机后的冲动

第一节　人民币国际化：从日本人的雄心说起

2008年全球金融危机之后，由于对美元霸权的不满，也由于我们自己的雄心壮志，我国启动了被官方称作"推动人民币跨境使用"的人民币国际化进程。对这一进程，2011年世界银行的一份报告给予了很大的肯定①。在那份报告中，世界银行预测，到2025年国际货币体系将是一个以美元、欧元和人民币为中心的多元关键储备货币体系。2013年10月，环球银行同业金融电讯协会（Society for Worldwide Interbank Financial Telecommunications, SWIFT）也发布报告称，全球采用人民币作为计价和结算货币的比例达到了8.66%，市场占

---

① World Bank, 2011: *Multipolarity: the New Global Economy*.

有率排行第二，仅次于美元。人民币仿佛已经成为全球第二大国际货币了。

如果世界银行描绘的前景能够实现，如果SWIFT所说的人民币国际地位属实，那么，这不仅意味着全球货币金融体系将摆脱美元霸权的"特里芬两难"，成为一个三足鼎立的稳定架构，而且，我国也将在经济和政治领域受益极大——当然，我们需要承受资本自由流动的冲击，也需要承担全球责任。

然而，我们后面会看到，要达到世界银行描绘的前景是有前提条件的，这些条件涉及经济、金融、军事和政治等方方面面，并且可能是相当严苛的条件。至于SWIFT对人民币国际地位的定位，我们更是惶恐，因为在国际储备货币中（见图1），我们还难以寻觅到人民币的踪影。可是，一些专家学者简单地陶醉在了人民币与美元、欧元并驾齐驱的想象美景中，甚至在那些摩拳擦掌准备大干一场、大捞一把的海外银行家的怂恿下，鼓吹要迅速、彻底地放开资本项目。中国有一句古话："以史为镜，可以知兴衰。"这里，我们有必要回顾一下当年日元国际化的经历，以冷静我们的大脑。日元国际化正式启动于1984年，其主要背景有两个：在美国方面，美国希望压迫日本开放资本项目和国内市场；在日本方面，是日本经济的崛起带来的挑战美国经济地位和美元地位的诱惑。也就是说，日元国际化来自"威逼"和"利诱"。相比较之下，"利诱"的成分似乎更大一些,因为当时日本国内上下乃至国际上都充满着一种对日元极其乐观的情绪。

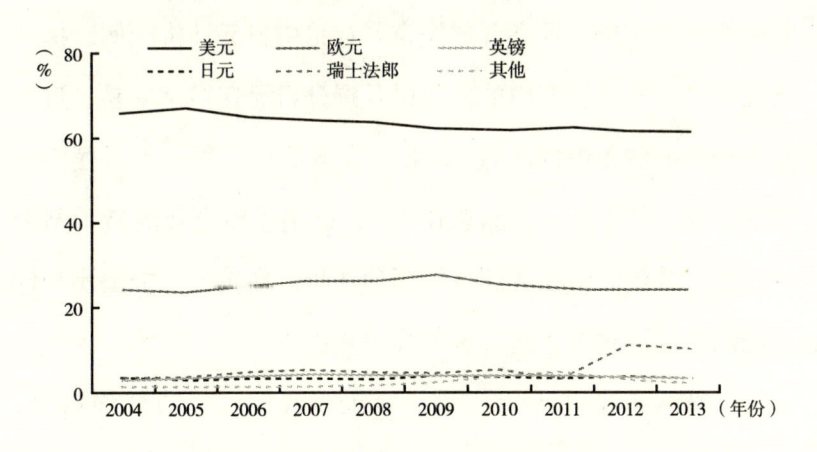

图1 国际储备货币中各类货币的份额

注：只包括储备中的"allocated reserves"。
资料来源：IMF。

1984年5月,日本大藏省发布了"日元国际化"宣言,说道："海外对日元持续国际化的兴趣在不断加强,这反映了我们的经济在世界上的重要地位……日元承担国际货币的角色不仅是重要的,也是必然的。"日本官方的信心十足,日本的学术界也是如此。1987年由东京大学贝冢启明教授主持的报告中说道："一些经济学家预测,日元最终将取代美元成为关键货币,就如当年美元取代英镑一样。"即使到了1988年,当日本人已经意识到他们落后的金融市场、较小的经济规模使日元不太可能挑战美元地位的时候,日本财政部还是认为,尽管美元的主导地位不可能被削弱,但是,日元可以成为仅次于美元的第二大国际货币（Shigeo Nakao，1995）。到1999年4月，日本大藏省还在鼓吹要"提高日元在日本跨境交易及海外交易中的使用比例，提高非居民资产存量中日元计价比例，提升日元在国际货币制度中的作用以及提升日元在经常交易、资本交易和外汇储备中的比重"。亚洲金融危机之后，为了摆脱美国的羽翼，日本人"曲线救国"，又提出了设立亚洲货币基金的设想，希望能够在亚洲发挥领导作用。在美国、中国及其他亚洲国家的反对下，这一设想最终也破灭了。

在瞎折腾了几十年之后，今天，我们已经清楚地看到，日本人付出了巨大的代价——惨痛的1990年泡沫经济危机和随后延续至今的经济乏力，这一代价换来的确实是日元成了国际货币——包括美元、欧元、英镑、瑞士法郎、澳大利亚元、韩元、港币等在内的十多个国际货币中的一员，但是，从国际货币体系的层级结构看，日本人当年的雄心显然没有实现。

以国际货币的顶级角色——担负价值储藏职能的储备货币来衡量（见图1），日元在全部国际储备货币中的份额一直只有不到4%，最低时期只有不到3%（2009年），日元的份额不仅低于英镑，而且更是远远低于美元（60%以上）和欧元（25%左右）。另外，在贸易和金融领域，日元用于计价和结算的比重也非常低。事实上，1990年泡沫经济危机之后，日本学者就已经认识到：国际化后的日元至多是一种"载体货币"（Transit Currency），其主要功能就是用于国际金融市场中的套利交易（Carry Trade）。

所以，对照日本人当年的雄心壮志，特别是考虑到日本人为此付出的代价，我们今天下这样一个结论应该是合理的：日元国际化是失败的。

第二节 日元国际化失败的教训："贸易结算+离岸市场"

日元国际化的基本思路就是提高日元在跨境交易中的使用比例。根据1985年3月日本大藏省公布的报告，日元国际化被定义为"在国际交易中提高日元的使用或持有比例"。在这种思路下，日元国际化的模式可以归结为"贸易结算+离岸市场"，即一手在进出口贸易中推动日元作为计价结算的货币，一手发展离岸市场，推动日元在资本项目下的使用。这种以提高使用比例为基本指导思想的线性思维最终以失败告终。除了政治、军事因素以及国内金融市场发展滞后之外，日本非金融企业缺乏国际竞争力，缺乏有影响力的跨国企业尤其是日元贸易结算不能顺利推行的根本原因。同时，国内金融改革尚未展开就急忙放开了资本项目，这在当时造成了一个横跨在岸和离岸市场的"再贷款游戏"，并成为1990年日本泡沫经济危机和长期经济增长乏力的重要原因。

1. 日本人的教训之一：低下的日元贸易结算地位

20世纪80年代，日元在国际化过程中遇到的第一个难题就是本币在本国对外贸易中使用的比例太低。日本推动日元贸易结算的努力早于其正式宣布日元国际化的日期。两次石油危机后，为规避汇率风险，日本就开始逐渐推行本币结算。1980年（Hiroo Taguchi，1982），日元结算在本国出口贸易和进口贸易中分别只占31%和4%，远低于同期美国（85%、60%）、英国（76%、33%）和德国（83%、45%）。到1989年（Shigeo Nakao，1995），即日本官方正式宣布日元国际化5年后，日元结算在本国出口和进口贸易中的比重也只有37%和15%。此后，随着泡沫经济危机的爆发和持续的经济低迷，这两个比重迄今也未见较大增长。

对日元在日本对外贸易中使用较少的现象，存在两个似是而非的观点。第一个观点是，由于日本出口导向的经济发展模式，日本企业对海外市场过于倚重，以致丧失了在贸易中的谈判能力。然而，事实是：在整个20世纪80年代，日本的出口占GDP的比重、净出口占GDP的比重以及贸易依存度等三个指标的值都接近美国，远低于德国，到了1990年，日本的贸易依存度甚至已经低于美国了（见表1）。

第二个观点是，日本独特的贸易模式阻碍了日元在进口和出口贸易中的使用。以1989年日本的贸易结构为例（见表2），在按产品类别划分的进口贸易中，中间品、能源和大宗商品分别达到47.6%和49.6%；在按出口区域划分的出口贸易中，欧美占了54.4%。所以，日本的贸易结构表现为从发展中国家进口中间品、原材料，加工后出口到发达国家。由于发达国家或地区（欧美）的货币本身就是强币，日元难以在出口贸易中发挥作用；同时，由于发展中国家普遍采用钉住美元的体制以及日本企业为了规避频繁波动的汇率风险，进口方也多使用美元。

表1　三国经济外向度比较

单位：%

指标	1980年			1990年		
	日本	德国	美国	日本	德国	美国
出口/GDP	13.5	25.2	10.1	10.4	30.7	9.5
净出口/GDP	-0.9	-2.2	-0.5	0.9	2.7	-1.3
贸易依存度	27.9	52.6	20.6	19.9	58.6	20.4

资料来源：根据IFM数据库IFS计算。

表2　1989年日本的贸易结构

单位：%

进口产品结构		出口区域结构	
中间品	47.6	欧美	54.4
能源和大宗商品	49.6	亚洲	29.5
其他	2.8	其他	16.1

资料来源：Shigeo Nakao, 1995。

与第一个观点相比，第二个观点似乎更有说服力，但事实上，由劳动力成本、资源禀赋和技术水平的差异决定的比较优势，以及发达经济体间的分工合作，使几乎所有的发达国家都存在类似的贸易结构。那么,日元难以在贸易中使用的根本原因是什么呢?

阻碍日元使用的第一个原因在于"二元经济"造成的一系列后果。日本学者很早就意识到日本经济实际上是一个"二元经济":一方面是只占全部企业数量0.1%的少数大型企业,这些企业仅雇用了全部雇员的12.1%,但在经济上得到财阀体制、在金融上得到主银行体制、在政治上得到官僚体制的庇护;另一方面则是在各个领域都受到抑制的大量中小企业。

日本的中小企业在国际市场难有作为——这自不待言,日本的大型企业也缺乏竞争力。例如,在1990年的《财富》杂志排行榜上,日本的丰田汽车、尼桑汽车、本田汽车、NEC虽然在销售额上排名第6位、第17位、第30位和第32位,但是,这些企业的净利润只分别排到第12名、第64名、第74名和第123名,《财富》排行榜中日本企业的净利润/销售收入比美国企业约低50%。显然,日本企业更看重的是量的扩张(销售收入的增加),而非质的改善(效益/利润的增加)。这种倾向加上国内"二元经济"引发的收入分配结构问题和国内消费不振,最终导致日本的大型企业极其依赖海外市场,进而丧失了谈判定价的能力。

阻碍日元使用的第二个原因在于日本没有利用当时富裕的资本拓展对外直接投资,并建立以本国的跨国企业为核心的全球产业链。在国际市场中，谁掌握了从资源采集到中间品分包再到最终品销售的生产链条，谁就拥有了资源配置和利润分配的权力，更不用说去决定在这样的链条中应该使用何种货币结算了。

在日、美的贸易关系中，是美国企业而不是日本企业控制了这样的链条。在20世纪80年代，美国企业通过直接投资在日本开展了大量的代工生产（Original Equipment Manufacturing，OEM），其中，美国企业掌握销售品牌、销售渠道和核心技术，在日本的企业则负责加工生产。例如，当时IBM的个人电脑总成本为860美元/台，其中向日本代工企业支付625美元/台，而在美国的零售价格是2000美元/台（Shigeo Nakao，1995）。无疑，在这种不对称的地位下，很难想象日本的代工企业可以要求他们的IBM老板用日元结算。

那么，日本为什么不去建立自己的跨国企业生产链呢？毕竟，日本当时已经有了迄今依然知名的大型企业。日本的大型企业确实在海外进行了大量的生产性投资，但是，日本主要的资本输出并非用于购买资源和建立覆盖全球的生产链条，而是拿去进行金融投资/投机了。

从1984年和1990年日、美两国国际投资头寸的资产方来看（见表3），与美国相比，日本对外的直接投资显然不是重点：1990年，直接投资在日本全部的对外投资中只占11%，在美国则达到28%。即使在日本占比不高的对外直接投资中，其主要构成也不是用于购买资源、技术和建立如美国那样的代工生产企业，而是用于购买美国的房地产（Shigeo Nakao，1995）。1984年日元国际化后占比显著上升的是证券投资及其他投资，其中，前者主要投向了欧美的证券市场，后者则以日本银行业的对外投资为主——这部分投资与我们后面将要谈到的"再贷款游戏"有关。

表3 日、美两国国际投资头寸的资产方比较

单位：十亿美元

项目	日本		美国	
	1984年	1990年	1984年	1990年
直接投资	38(11%)	201(11%)	348(29%)	617(28%)
证券投资	88(26%)	596(32%)	89(7%)	342(16%)
其他投资	188(55%)	981(53%)	663(55%)	1045(48%)
储备资产	27(8%)	80(4%)	105(9%)	175(8%)
总资产	341	1858	1205	2179

注：括号中的数字为相应项目的占比。
资料来源：根据IMF数据库IFS计算。

一个值得关注的现象是，在日本的对外证券投资中，其主要载体也是非日元的工具。这让当时的美国学者看来是如此不可思议（Shigeo Nakao，1995）："日本人正在被迫承担巨大的风险。这与其富裕的英国和美国前辈不同……英国人简单地在殖民地创造了一个英镑区，而美国人则建立了一个能够让他们的跨国企业得以运转的欧洲美元世界。"阻碍日

元使用的第三个原因同日本金融改革滞后乃至日本金融衍生品市场落后有关。日元在日本进口贸易中使用的比重较少（这与我们不同），其中一个关键因素在于能源和大宗商品占了日本进口的约50%（见表2）——这些都是以美元定价的。我们今天已经清楚地看到，国际能源和大宗商品的定价权是由纽约（和伦敦）商品期货交易所以及依托于此的发达的场外衍生品市场掌握的，而纽约金融中心则是在两次石油危机之后从石油输出国组织那里夺得了这样的权力。日本二流的军事力量、三流的政治地位和不入流的金融发展水平决定了日元不可能在这些战略物资的交易中取代美元的地位。

2. 日本人的教训之二：离岸市场和在岸市场间的"再贷款游戏"

日元国际化的第二个教训就是在国内金融改革尚未真正展开的时候，就急匆匆地放开了资本项目。日本国内主要的金融改革措施（利率市场化、债券市场管制放松、股票市场"大爆炸"改革、废弃主银行体制等）都发生在泡沫经济危机爆发后的1993年、1994年和1997年，在正式宣布日元国际化的前后，日本采取的主要"改革"措施实质上都是些资本项目开放的措施，如1983年和1984年的欧洲日元贷款业务、1984年的日元汇兑管制放开等，而当时日本的金融体系还是一个行政管制盛行的主银行体制。

在国内实施金融管制、资本项目完全放开的背景下,在日元的离岸市场和在岸市场之间,就上演了一出日后被日本学者称作"再贷款"的游戏(Re-lending Game)(Shigeo Nakao,1995):日本的富余资金从在岸市场流到离岸市场,然后又从离岸市场回流到在岸市场。简单地说,就是日本人"自己人玩儿自己的钱"。在这场游戏中,主角是日本的银行业。观察20世纪80年代日本国际投资头寸资产方的"其他投资"和负债方的"其他负债"(其中日本银行业的资产和负债占据了绝大多数),我们可以发现,1984年正是资金大进大出的起点(见图2)。在1984~1990年,日本银行业的对外资产由1050亿美元飙升到7250亿美元。同期,日本银行业的对外负债则从1300亿美元飙升到9040亿美元,净流入的资金从250亿美元飙升到1790亿美元。

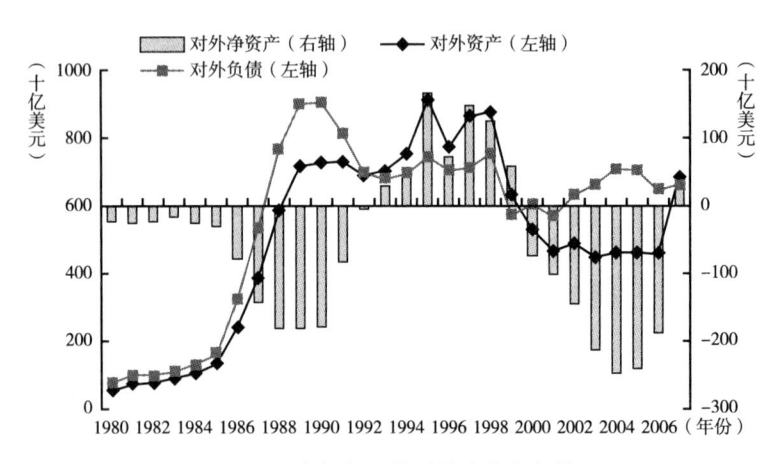

图2 日本银行业的对外资产和负债

资料来源:根据IMF数据库IFS计算。

在日本的"再贷款游戏"中,包括伦敦和中国香港在内的离岸市场构成了资金进出的重要通道。以 BIS 统计的报告银行数据为例,1990 年,日本对在伦敦的银行机构(主要是日本银行业在伦敦的分支机构)的净负债是 1122 亿美元,而对其他离岸市场中的银行机构的净负债是 2405 亿美元,分别占 1990 年日本对报告银行负债的 29% 和 62%。在离岸市场中,中国香港显然是一个重要的组成部分。图 3 显示,中国香港对在日本的银行机构的债务与对在日本的非银行机构的债权高度协同,这反映了日元从日本的银行业流出到中国香港,随后又再次回流到日本的企业部门。直到亚洲金融危机爆发后,通过中国香港的日元再贷款游戏才偃旗息鼓。

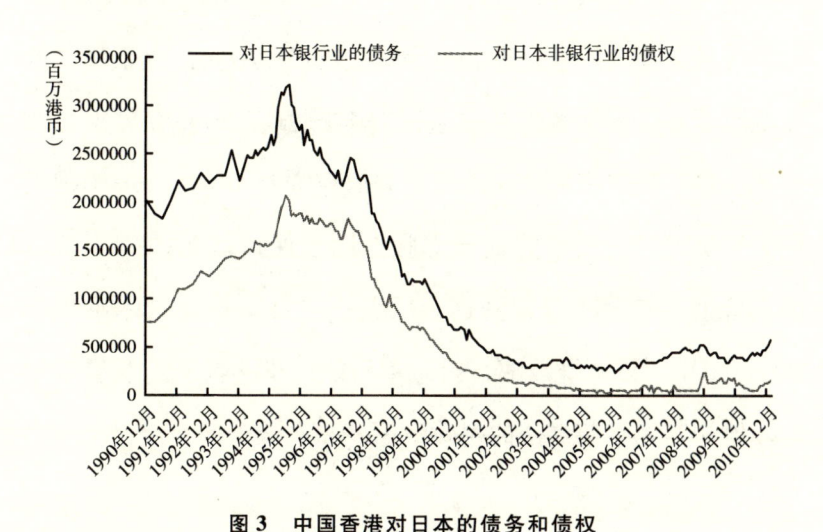

图 3 中国香港对日本的债务和债权

资料来源:香港金融管理局。

对日本再贷款游戏的结局，今天我们已经看得很清楚：第一，流出的资金再次回流到国内弊端重重的股票市场和地产市场，成为推动 1990 年泡沫经济危机和随后长期经济萧条的重要原因；第二，在遭受 1990 年泡沫经济危机和 1997 年亚洲金融危机的双重打击后，日元离岸市场的发展以及在很大程度上基于此的日元国际化进程陷入倒退之中。问题在于：为什么日本会在国内金融改革前放开资本项目，从而任由这种再贷款游戏发展呢？

因为，日本开放资本项目和日元国际化是在美国的压力下进行的，而美国只是希望日本向其开放金融市场，并不真的希望日本进行金融改革，更不希望日元能够因此而挑战美元的地位。

例如，许多美国学者已经意识到（Shigeo Nakao，1995），日本银行业之所以能在海外扩张（日元离岸市场的发展），只是因为日本国内的金融管制不会对美国产生威胁。至于日本的金融改革，美国学者曾经说道："美国财政部一直在要求日本对其金融市场实施自由化改革，并放弃金融卡特尔……美国人们必须认识到，日本的资产膨胀有助于保护美元……"日本的学者也并非没有意识到这个问题："日本的金融体系越开放[①]，MOF（日本财政部）就越不可能让华盛顿享受低储蓄率的好处和实施不负责任的财政政策。"

---

① 实际上应该是"改革"，日本人一直没有分清"改革"和"开放"的差异，正如现在一些中国学者那样。

既然日本学者也意识到改革的重要性，那么，为什么什么事情都没有发生呢？其一，长期的财阀体制、主银行体制和官僚体制造就了强大的利益集团，这些利益集团反对着眼于长远的根本改革；其二，停滞的国内改革和迅速的资本项目开放让几乎全体日本人享受到了近在眼前的好处，从而使他们忘却了改革的必要性。例如，日本股票市场中财阀之间、财阀与主银行之间的相互持股使股票价格能够维持在一个较高的水平，并且，少量的资金就可以将少量的流通股票乃至整个股市炒到高位。高昂的股市肯定不会受到日本民众的反对，同时，坚挺的股市也让日本的大银行和大企业更容易在离岸市场上筹资，在泡沫经济危机爆发前，与股价相关的金融产品（如可转换股）成为日本银行和企业的主要融资工具。

第三节 当前人民币国际化的模式：
"贸易结算+离岸市场"

令人遗憾的是，当前人民币国际化的基本思路与当年日元国际化如出一辙：按照中国人民银行的说法，就是要提高人民币的跨境使用。从模式上看，人民币国际化也正在遵循日元国际化的"贸易结算+离岸市场"模式。如果说这样的思路和模式在日元那里被证明是失败的，那么，人民币会是一个例外吗？

1. 当前人民币国际化的特点：贸易结算

提高人民币在跨境交易中的使用主要表现在货物贸易和服务贸易上（见图4）。人民币在跨境贸易中使用已有很久历史，并非新近的事物，只不过以前是以边境贸易为主，规模不大，且没有官方的主动推动。官方对人民币跨境贸易结算的正式推动始于2008年9月，当时国务院发布了《国务院关于进一步推进长江三角洲地区改革开放和经济社会发展的指导意见》，针对有条件的企业试行跨境贸易人民币结算。2009年4月，境内针对上海、广州、珠海、深圳、东莞5个城市，境外针对中国港澳地区和东盟国家，正式启动人民币跨境贸易结算的试点工作，当年以人民币结算的货物贸易和服务贸易只有区区的30多亿元。2010年和2011年，对人民币跨境贸易结算的限制逐步放开，试点区域和业务范围逐步扩大。2010年6月，中国人民银行、财政部、商务部、海关总署、国家税务总局和中国银监会联合发布了《关于扩大跨境贸易人民币结算试点有关问题的通知》，将人民币跨境贸易结算境内试点区域扩大至北京、天津、山东等20个省份。业务范围涵盖了货物贸易、服务贸易及其他经常项目人民币结算。同时取消了对境外结算区域的限制。试点区域和业务范围的扩大迅速提高了人民币跨境贸易结算额，当年货物贸易额达到4380亿元，服务贸易及其他经常项目达到68.3亿元。2011年8月，跨境贸易人民币结算地区增加至全国范围,使人民币货物贸易结算和服务贸易结算分别上升到 15600 亿元和 5200 亿元(见图 4)。

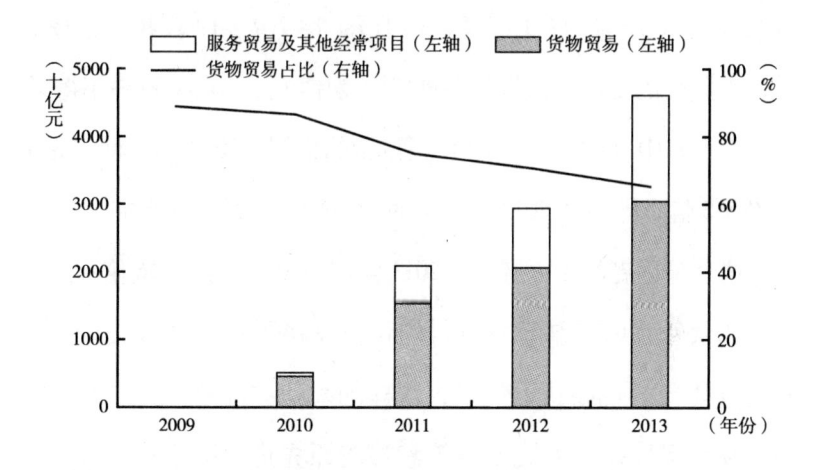

图 4　人民币跨境贸易结算额和结构

资料来源：CEIC。

2012 年 3 月,中国人民银行、财政部、商务部、海关总署、国家税务总局和银监会联合发布《关于出口货物贸易人民币结算企业管理有关问题的通知》,规定参与出口货物贸易人民币结算的主体不再限于列入试点名单的企业,所有具有进出口经营资格的企业均可开展进出口货物贸易人民币结算业务。至此,对人民币跨境贸易结算的限制全部放开,这使当年货物贸易结算额突破了 2 万亿元,服务贸易结算额达到 8760 亿元。2013 年,货物贸易进一步突破了 3 万亿元,服务贸易则首次突破万亿,达到了 16100 亿元。

需要注意的是,人民币在贸易项下使用额度的不断增加与

2008年全球金融危机后美元的弱势和人民币的强势有密切的关系。从贸易结算的收支结构看，2010~2013年，人民币跨境结算的收付比分别为：1∶5.5、1∶1.7、1∶1.2、1∶1.46。也就是说，人民币的使用一直呈现在进口贸易中（支付人民币）用得多、在出口贸易中（收入人民币）用得少的格局。2010年，前者是后者的5.5倍，即使在2012年取消对出口货物人民币结算的限制后，前者依然是后者的1.2倍，在2013年进一步上升到1.46倍。

人民币在贸易结算中收付的状况反映了强币（人民币）对弱币（美元）的替代，但是，这样的替代并非有利于我国。进口贸易更多地采用人民币结算意味着原先进口购汇的美元需求减少，相应的，这也意味着原先可以减少的美元外汇储备没有减少。其极端结果是，即使中国的对外贸易实现了平衡（进口等于出口），如果进口普遍采用人民币，出口依然使用美元，中国的美元储备还会不断增加。因此，在这种贸易结算中，人民币使用的扩大不是使我们摆脱了美元的束缚，而是完全相反。

2. 当前人民币国际化的特点：离岸人民币市场

贸易结算下收多于付的人民币在海外积淀下来就形成了人民币离岸市场。在这种格局下，尽管诸如新加坡、伦敦、法兰克福以及近期的韩国首尔已经在做或希望做人民币的离岸金融中心，但是，由于香港在人民币贸易结算中的地位，香港远远超过其他城市，成为最大的人民币离岸市场。图5显示，在2011年和2012年的人民币贸易结算中，经过香港银行处理的

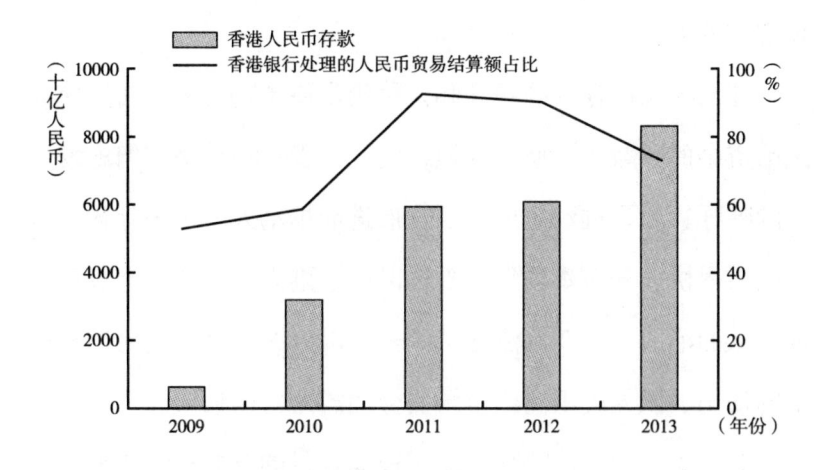

图 5　香港人民币存款和人民币贸易结算比重

资料来源：CEIC。

比重高达 90%，2013 年有所下降，但也在 70% 以上。与此同时，香港的人民币存款不断增加，截至 2013 年突破了 8000 亿元。在人民币存款不断增加的同时，香港人民币金融产品的发展却相对滞后。从人民币债券看，其存量只有 3071.7 亿元，共有 275 只。其中，企业债 154 只，存量为 1642.72 亿元；金融债 89 只，存量为 682.51 亿元；可转债 10 只，存量为 101.47 亿元；国债 22 只，存量为 645 亿元人民币。从债券发行主体看，主要是中国内地政府和企业。在人民币货币市场方面，已经有了大额存单、结构性存款、贷款、货币基金、回购协议、同业拆借等多种业务类型。其中，人民币贷款业务发展较快，但是直到 2013 年也仅为 1000 亿元的规模。所以，即使有内地对香港的支持，在港各项人民币产品合计起来也无法吸收增加的人民币存款。

在港人民币存款的飙升和人民币离岸市场发展的滞后使人民币资金的收益率远低于内地,由此引发了一个潜在但愈发强烈的呼吁:为了推动离岸市场发展进而推动人民币国际化,内地应该尽快放开资本项目管制,以让香港人民币资金回流至内地,从而形成一个双向流通机制——以人民币进口贸易结算为主的输出、以人民币离岸市场资金回流为主的输入。

对人民币回流的呼吁推动了资本项目的开放——或者,按照官方的说法,就是扩大了人民币在资本项下的使用。首先,是推动跨境直接投资中人民币的使用。2011年1月,中国人民银行发布《境外直接投资人民币结算试点管理办法》,依据该办法,试点地区的企业和银行均可用人民币开展境外直接投资。2011年10月,中国人民银行发布《外商直接投资人民币结算业务管理办法》,允许境外投资者在办理外商直接投资人民币结算业务时,可按照银行结算账户管理规定,申请境外机构人民币银行结算账户。2011年10月,商务部印发《关于跨境人民币直接投资有关问题的通知》,境外投资者(含港澳台投资者)可以用合法获得的境外人民币[①]依法开展直接投资活

---

① 境外人民币主要包括:通过跨境贸易人民币结算取得的人民币;汇出境外的人民币利润和转股、减资、清算、先行回收投资所得的人民币;在境外通过发行人民币债券、人民币股票及其他合法渠道取得的人民币。

动。自此，人民币直接投资结算规模不断扩大，到 2013 年外商直接投资和我国对外直接投资的人民币使用分别达到 1650 亿元和 278 亿元（见图 6）。可见，人民币在跨境直接投资中的使用主要是境外人民币向境内的输送。推动人民币在资本项目下使用的另一个渠道就是人民币合格境外机构投资者（RQFII）。2011 年 12 月 16 日，中国证监会、中国人民银行、国家外汇管理局联合发布《基金管理公司、证券公司人民币合格境外机构投资者境内证券投资试点办法》，推出 RQFII 试点。2013 年 3 月 6 日，上述 3 个部门再次发布《人民币合格境外机构投资者境内证券投资试点办法》和关于实施该办法的规定，对 RQFII 相关法规进行修改，并扩大了 RQFII 试点。修改内容主要包括以下几个方面。①扩大试点机构类型。试点初期，参与的机构仅限于基金管理公司、证券公司的香港子公司；修改后，境内商业银行、保险公司等的香港子公司或注册地及主要经营地在香港地区的金融机构将可以参与试点。②放宽投资范围限制。RQFII 试点初期，只能投资债券类产品或 A 股 ETF 产品，修改后的法规放宽了对 RQFII 的资产配置限制，允许机构根据市场情况自主决定产品类型。图 7 显示，截至 2014 年 3 月，RQFII 机构数量由 2011 年的 10 家增加到 62 家，实际投资金额则由 2011 年的 107 亿元增加到 2005 亿元（见图 7）。

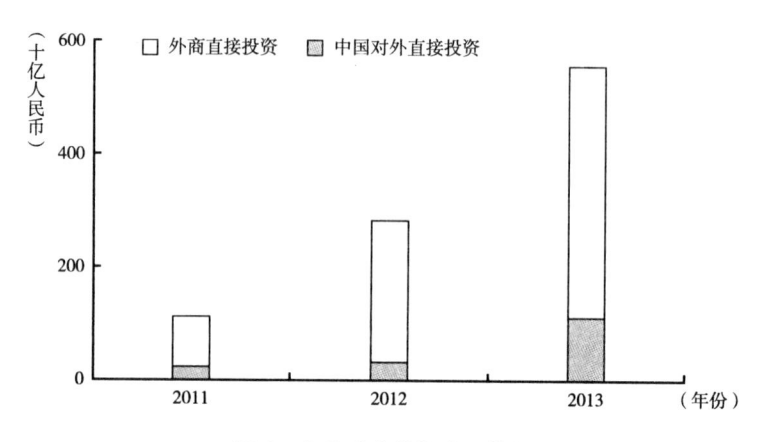

图 6 人民币直接投资结算额

资料来源：CEIC。

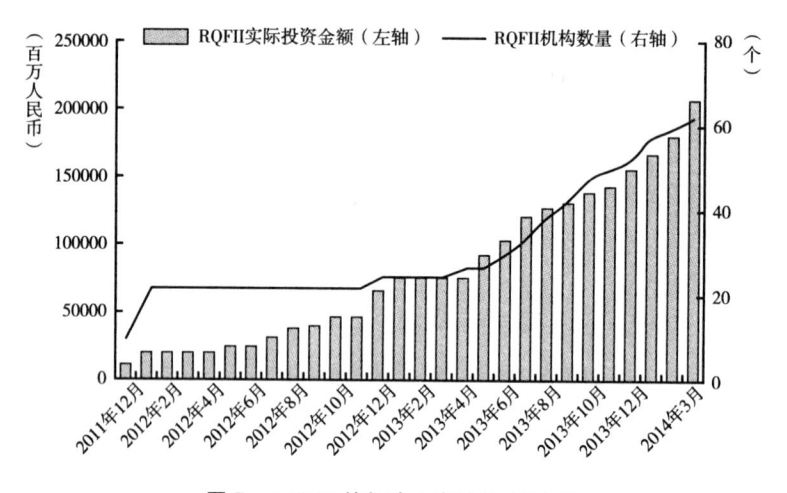

图 7 RQFII 的投资金额和机构数量

资料来源：CEIC。

3. "贸易结算+离岸市场"的模式适用于人民币吗？

上述分析表明，目前人民币国际化的基本特点就是通过贸易结算输出人民币，然后逐步放开资本项目管制，将离岸市场积存的人民币回流进来。虽然迄今为止这种输出和回流的总体规模不大，但其模式就是日本当年的"贸易结算+离岸市场（资本项目开放）"。如果说这种模式在日本没有成功，那么，在中国会有所不同吗？

首先来看通过贸易结算推行人民币国际化的可能性。以2009年我国的对外贸易区域结构为例（见表4），美国、欧元区和英国、日本等储备货币发行国占中国对外贸易的37%左右，如果将中国香港算进去（因为内地对香港贸易主要是转口贸易，且以出口到欧美为主），则中国对外贸易中的45%左右是与强势货币国和钉住强势货币的地区（香港）进行的——这部分贸易显然难以推行人民币结算。

表4 2009年中国内地对外贸易的区域结构

单位：%

	进出口	出口	进口	净出口
美　　国	13.51	18.38	7.70	73.24
欧元区和英国	13.97	16.57	10.87	45.91
日　　本	10.36	8.14	13.01	-16.88
亚　　洲	34.81	25.35	46.12	-81.41
中 国 香 港	7.92	13.83	0.87	80.48
非　　洲	4.13	3.97	4.31	2.25
其他欧洲地区	3.18	3.47	2.83	6.76
原 苏 联 地 区	2.18	1.98	2.41	-0.24
拉 丁 美 洲	5.52	4.75	6.44	-3.92
北美其他地区	1.35	1.48	1.20	2.89
大　洋　洲	3.06	2.07	4.24	-9.06

注："亚洲"不包括日本和中国香港。
资料来源：根据2010年《中国统计年鉴》计算。

非洲、原苏联地区、大洋洲（主要是澳大利亚）虽然不拥有强势国际货币，但是，与这些地区的贸易主要是资源类的大宗商品——在这部分贸易中推行人民币结算也并不容易，因为这些商品的国际定价和交易结算货币同样是美元这样的强势货币。

剩下的就是不包括日本和中国香港在内的其他亚洲地区了，在这些地区推行人民币结算似乎大有可为：一则我们与这些地区的贸易量巨大，二则我们对这些地区的进口大于出口，总体上呈现逆差状态。然而，如果再观察一下我们对外贸易的企业结构，就可以发现，我们面临当年日本类似的困境：由于IBM这样的美国企业主导了全球的生产链条，日本难以获得日、美贸易中的定价权和结算货币选择权。

再以2009年我国对外贸易的企业结构为例，外商投资企业在全部进出口贸易、出口贸易和进口贸易中分别占55.2%、56.0%和54.2%。外商投资企业显然主导了我国的对外贸易，并且，外商投资企业也是贸易顺差的主要贡献者：在全部净出口中占64.7%。分省区来看（见图8），我们可以发现，各地区外商投资企业在出口和进口贸易中的比重与其在当地全部进出口贸易的比重高度吻合。换言之，我国对外贸易的企业结构表明，我们的对外贸易是由外商投资企业主导的全球产业链的一部分。

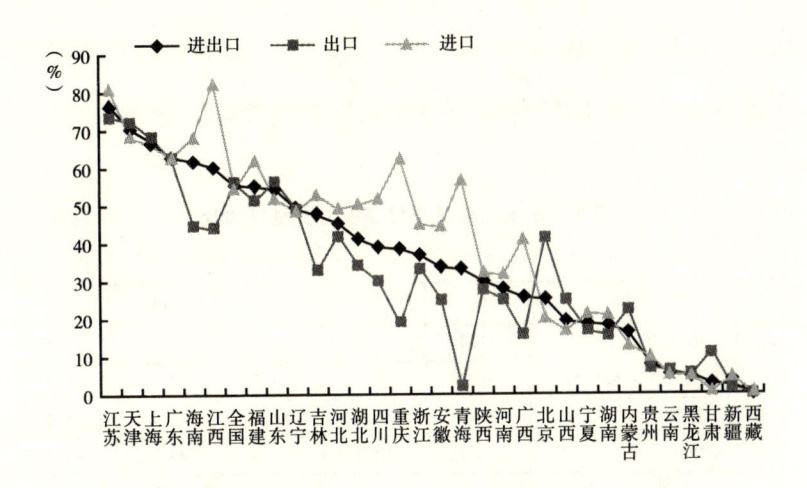

图 8 2009 年全国各省（自治区、直辖市）外商投资企业对外贸易占比

再来看离岸市场发展以及背后的资本项目开放。由于我们尚没有像日本那么做，这里只能推测了。由于人民币离岸市场主要集中在中国香港，也就以香港为例。观察香港的资金流动，我们可以发现，事实上香港早就是中国内地"再贷款游戏"的通道了，只不过这样的"游戏"尚属健康，且受到控制。以香港的直接投资为例（见表5），在中国香港历年的外来直接投资和对外直接投资中，中国内地和英属维尔京群岛都列前二位，两地合计的占比分别达到70%（外来直接投资）和80%（对外直接投资）。

考虑到香港是一个股票市场发达、债券市场落后的金融中心，我们再来看一下香港股票市场的情况。表6显示，在香港上市公司中，中国背景的公司（H股和红筹股）的数量占近2

成,而市值在 2010 年达到了 46.9%。从香港股市投资的资金来源看,公开数据反映有 12% 来自中国内地。

表 5 香港国际直接投资头寸分地区占比

单位:%

	对象	2005	2006	2007	2008	2009
外来直接投资	中国内地	31.4	35.1	40.7	36.5	36.4
	英属维尔京群岛	31.3	33.8	36.6	32.3	32.4
对外直接投资	英属维尔京群岛	44.0	46.9	47.8	43.8	43.8
	中国内地	40.4	40.2	43.4	44.4	42.3

资料来源:香港金融管理局,中国社会科学院金融所财富管理研究中心。

表 6 香港联合交易所主板市场上中国背景的公司的数量及市值

2010 年上市公司	中国背景公司数	数量占比(%)	市值(10 亿港元)	市值占比(%)
	225	18.1	9811.7	46.9
2008~2009 年资金来源	美国	英国及欧洲	中国内地	其他
	36%	34%	12%	18%

资料来源:香港金融管理局,中国社会科学院金融所财富管理研究中心。

所以,香港事实上已经在很大程度成为一个资金由内地流出再从香港回流到内地的通道。只不过与当年日元国际化不同的是,在资本项目管制的情况下,这样的资金流动是受控的,并且,受益的主要是内地的实体经济部门。由此也可以看到,没有内地的资金供给和资金需求,香港不可能拥有现在的金融中心地位。不过,在人民币国际化的背景下,这里也产生了一个悖论:通过香港的如此庞大的直接投资和股票投融资基本都是以美元或者美元的附属物——港币进行计价、交易和结算的，人民币被排除在外，这种状况显然有悖于香港对人民币国际化的热心。

关键的问题是，如果内地放开资本项目，香港会否扮演如同当年日元"再贷款游戏"那样的通道？从香港直接投资和股票市场的情况看，答案应该是：非常可能。事实上，2008年全球金融危机爆发后，内地体会到的"热钱"压力，有相当部分可能就来自香港的银行业。图9显示，1999~2009年香港对5个主要经济体中的4个都呈现净债权的态势，对内地则债权、债务大体相当，这反映出资金从内地到香港和从香港回到内地的规模相当，而且时常还会出现债权小于债务的情

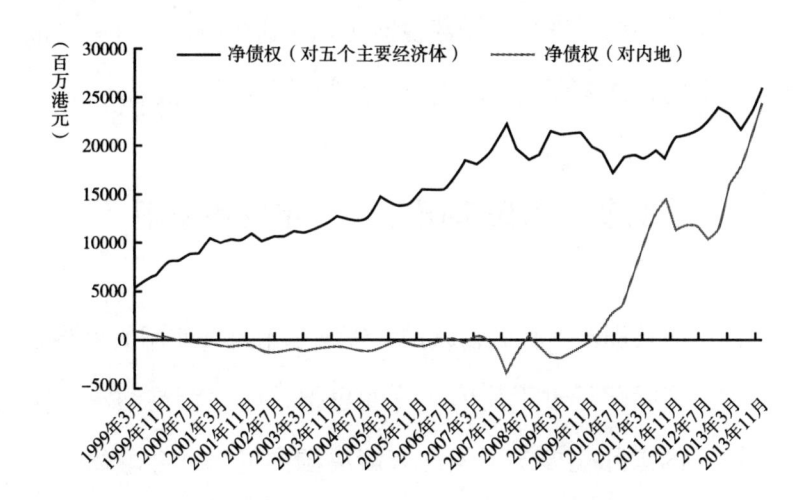

图9　1999年第1季度到2013年第4季度香港对外净债权

注："净债权"为香港对外债权与对外债务之差。"五个主要经济体"包括中国内地、美国、日本、英国和新加坡，这五个经济体构成香港对外债权和对外债务的主要对手方；这里只计算了对外币统计的债权债务，不包括港币。

资料来源：香港金融管理局。

形，即内地的资金呈现净额流出的态势。但是，从2009年开始，香港对内地的净债权迅速飙升，到2013年年底，香港对内地的净债权已经占其对5个主要经济体的94%。也就是说，香港流出的资金主要就是流进了内地。如果以存量资金来计算，到2013年，香港对内地银行的债权超过了25000亿港币，对内地非银行机构的债权接近6800亿港币；而在2009年年底，这两个数字分别只有3400亿元和928亿元。

对这种异常的资金流动，我们很难用正常的经济、金融因素予以解释。总之，至少笔者相信，如果短期内放开资本项目，那么，随之而来的巨额资金流出、回流游戏将为在港银行家和企业巨头们带来又一场饕餮盛宴。而这样一场盛宴并不能惠及香港的普通老百姓，内地老百姓更是无缘于此。

第四节 人民币国际化：定位和差距

日本的教训告诉我们，以扩大本国货币跨境使用的思路来推动货币国际化是过于简单的线性思维，而"贸易结算+离岸市场"的国际化模式不但没有解决国内经济、金融体系的结构性问题，从而无法扩大本国货币的跨境使用，更会放大国内的结构矛盾，进而引发危机。人民币国际化不能简单地以跨境使用的扩大为目的，而是应以成为全球货币金融体系中的关键储备货币为目的——这是我们的根本利益所在。但是，除了军事和地缘政治因素外,针对这个目标的要求,我们在经济、金融市场的规模和结构以及跨境运用资金的规模和能力方面还存在重大的差距。

1. 差距:经济规模和结构

毫无疑问,人民币成为关键储备货币可以使我们在未来摆脱美元霸权的剥削。而且,这是我们老有所养的重要保障。按照世界银行的预测(见表7),未来的世界将是一个逐步老龄化的世界。由于老年人口比重上升,全球抚养比将从2015年的51.6%上升到2050年的58.1%。按收入分,发达国家老龄化的速度要远远快于欠发达国家,到2050年,前者的抚养比比后者高出近20个百分点;按区域分,欧洲老龄化程度最严重,北美其次;在四大经济体中,日本老龄化问题最严重,德国其次,美国的抚养比也高于我国。

表7 未来全球总抚养比

单位:%

年份	2015	2020	2025	2030	2035	2040	2045	2050
全球	51.6	52.2	52.5	53.0	54.2	55.5	56.5	58.1
发达国家	51.8	55.8	59.5	63.0	65.5	68.2	70.7	73.4
欠发达国家	51.6	51.5	51.2	51.3	52.3	53.5	54.3	55.8
非洲	75.9	73.3	70.3	67.1	64.1	61.8	60.3	59.2
亚洲	46.7	47.0	47.0	47.5	49.4	51.4	52.7	54.9
欧洲	49.5	53.6	57.3	60.7	63.7	67.0	70.8	74.8
南美	48.9	47.7	48.0	49.1	50.2	51.6	54.0	57.3
北美	52.3	56.0	60.2	64.1	65.4	66.0	66.0	67.1

续表

年份	2015	2020	2025	2030	2035	2040	2045	2050
中国	37.5	40.3	42.2	45.1	51.9	58.5	60.7	64.0
美国	52.9	56.3	60.3	64.0	65.2	65.8	65.8	66.8
日本	64.6	69.9	72.1	74.7	79.0	87.2	92.5	95.8
德国	52.7	56.7	62.9	71.9	80.0	81.1	81.9	83.1

注：总抚养比为15岁以下和64岁以上的人口与15~64岁的人口之比。
资料来源：世界银行。

随着人口老龄化的加快，人口抚养比的上升意味着，要维持既定的生活水平，要么是加快技术进步，提高单位劳动力的产出水平，要么就是利用其他国家的资源——其中一个重要的手段就是利用本国储备货币的地位，吸收他国的储蓄。在美元霸权的体制下，我国一直在"奉献"储蓄。如果既定的体制不变，随着发达国家整体、快速的老龄化，我们将奉献得越来越多。可是，我国也在迅速老龄化。如第二章所说，在2019年左右当高储蓄、高投资和高增长的人口红利彻底消失之后，我们自己还将面临谁来给我们养老的问题。

全球人口结构的上述变化揭示，未来老有所养的希望在非洲，在南美，在东亚之外的亚洲区域，因为这些区域的人口结构正在或者将要经历我国人口红利开始时的情形：总抚养比下降，劳动年龄人口比重上升。如果辅之以资本和市场——正如我国在人口红利时期得到的那样，这些区域将成为全球总供给的新来源。问题是，谁给予其资本？谁给予其市场？

在信用本位制下，关键储备货币国可以通过持续的经常项目逆差来吸收他国的储蓄，这构成了信用本位制下"铸币税"的主体。另外，关键储备货币国也需要向全球提供公共品：以本国的总需求来支撑其他国家的经济增长。从我国的经济结构看，目前我国既无法担当提供全球公共品的责任，也无法获得"铸币税"的好处。

将我国的经济结构与美国进行比较即可发现两者的重大差异（见表8）。美国GDP超过全球的1/5，其主要依靠的是消费和进口，美国消费占全球消费的比重超过了1/4，份额远高于中、日、德，其中，政府消费和居民消费分别占全球政府和居民消费的20.48%和26.70%；美国的出口份额在2012年被中国超过，但进口份额依然保持在12%以上，美国进口和出口的差值就构成了美国对他国储蓄的吸收。

表8　2012年全球四大经济体主要指标占全球比重

单位：%

	中国	美国	日本	德国
名义GDP	11.32	22.35	8.20	4.71
储蓄	23.06	13.83	6.02	4.31
消费	7.59	25.27	8.95	4.86
其中:政府消费	9.07	20.48	9.81	5.31
其中:居民消费	7.15	26.70	8.70	4.72
投资	22.76	17.54	6.96	3.35
进口	9.11	12.39	4.48	7.10
出口	9.87	9.64	3.84	7.79

资料来源：世界银行。

我国作为世界第二大经济体，主要是因为我国的储蓄和投资份额居全球第一位，这虽然是劳动力转移未完成所致，但也说明我们尚无法拥有关键储备货币国吸收他国储蓄的能力。相反，在美元霸权体制下，我国出口多于进口，呈现储蓄输出而非输入的状况。从为全球提供总需求的角度看，我国以全球11%的GDP份额向全球贡献了9%以上的进口，而美国以全球22%的GDP份额提供了全球12%的进口。这一方面说明我们的贡献度相对较高，另一方面也说明，如果不改变经济增长方式，我国进口的全球份额难以提高。

2. 差距：金融市场的规模和结构

作为关键性的储备货币，除了要能够向全球提供总需求之外，还需要提供另外一个全球公共品：价值储藏工具。因此，关键储备货币国必须拥有一个层次多、规模大、流动性好的国内资本市场，从而为国内外持有本币的投资者提供价值储藏职能。价值储藏职能隐含着另外一个需求：金融风险管理，因此，关键储备货币国还需要一个同样多层次和高效的衍生品市场。

就资本市场而言，首先比较一下中国内地与其他主要经济体的股票市场。可以看到，2007年，在股权分置改革的推动下，中国内地的股市市值就超过了法国和德国合并的市值；2009年，中国内地的股市比名义GDP提前一年超过了日本，成为世界第二大股票市场；但是，与美国股市相比，2012年中国内地股市市值仅相当于它的20%，同年中国内地名义GDP却已经超过美国名义GDP的50%（见表9）。中国内地股票市场的规模远远小于美国股票市场的规模的原因中，有短期宏观政策因素，例如，在美国量化宽松、拼命印钞票的时候，我国的货币政策正在收紧；但是，更主要的是行政主导的资本市场管理体制抑制了市场的发展：一方面，这种管理体制使大量垃圾股存留在市场，难以退市，恶化了股市的生态环境；另一方面，行政审批的发行制度又限制了新鲜血液的输入。可以看到（见图10），中国内地的上市公司数量不仅少于或远少于欧元区、美国、日本等发达经济体的上市公司数量，甚至比经济发展程度较中国落后的印度还要少得多。这种状况反映了我国多层次股票市场建设的滞缓，股票市场规模的增长并未惠及足够多的企业，其根源就在于以行政审批制为代表的行政主导体制。

表9　各经济体股票市值及中国与其他经济体之比较

单位：十亿美元

年份	2005	2006	2007	2008	2009	2010	2011	2012
美国	16971	19426	19947	11738	15077	17139	15641	18668
日本	4737	4726	4453	3220	3378	4100	3541	3681
中国内地	781	2426	6226	2794	5008	4763	3389	3697
英国	3058	3794	3859	1852	2796	3107	2903	3019
中国香港	693	895	1163	1329	916	1080	890	1108
法国	1759	2429	2771	1492	1972	1939	1570	1822
德国	1221	1638	2106	1108	1298	1439	1186	1485

续表

年份	2005	2006	2007	2008	2009	2010	2011	2012
印度	553	819	1819	645	1179	1616	1015	1263
中国内地/美国(%)	4.6	12.5	31.2	23.8	33.2	27.8	21.7	19.8
中国内地/日本(%)	16.5	51.3	139.8	86.7	148.2	116.2	95.7	100.4
中国内地/法德(%)	26.2	59.7	127.7	107.4	153.2	141.0	123.0	111.8
中国内地/印度(%)	141.2	296.3	342.3	432.8	424.7	294.8	333.8	292.7
中国/美国(%)	8.7	17.1	37.0	35.1	39.3	34.1	27.4	25.7

注:"中国/美国"为中国内地和香港的股票市值之和与美国股票市值之比,不包含中国台湾的股市。

资料来源:世界银行。

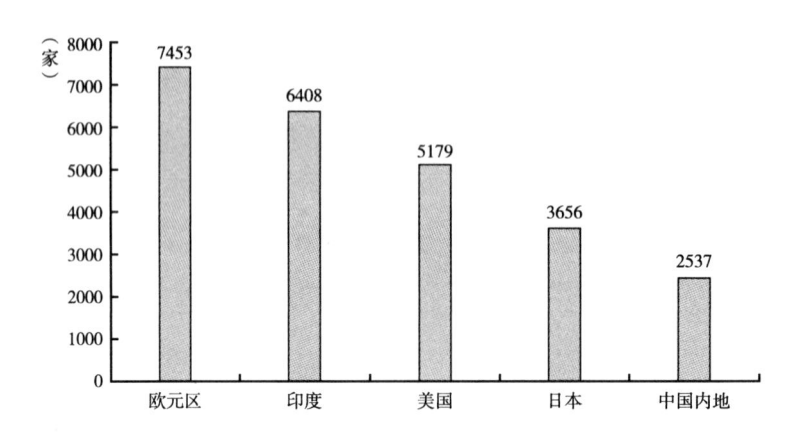

图 10 主要经济体的上市公司数量

欧元区	印度	美国	日本	中国内地
7453	6408	5179	3656	2537

资料来源:Word Exchange Federation。其中,中国内地为 2012 年数据,其余为 2009 年。

与股票市场一样，我国的债券市场也相对落后，而且落后的程度要超过股票市场。根据国际清算银行（BIS）的统计（见表10），在全球国内发行的债券市值中，中国的份额虽然自2000年以来不断提高，但是至2012年也仅占4%强，而同期中国名义GDP占全球比重已经超过了11%。从债券市场发展的深化程度指标看，2012年中国的债券市值仅为同期GDP的46.01%，不仅低于美、欧、日三大经济体，也低于全球平均水平，这表明中国债券市场的发展水平比许多新兴经济体和发展中国家还要低。

表10　主要经济体债券市场发展比较

单位：%

年份	债券市值/全球债券市值				债券市值/名义GDP				
	美国	欧元区	日本	中国	全球	中国	美国	欧元区	日本
2005	44.83	22.44	16.88	1.69	116.76	40.42	185.24	119.52	199.78
2006	43.59	24.15	14.98	1.98	120.66	44.15	190.49	135.71	208.27
2007	42.02	25.64	13.93	2.46	122.67	48.78	201.15	143.39	221.75
2008	41.63	25.19	16.54	3.00	119.72	49.19	209.82	137.64	253.04
2009	39.26	26.92	15.09	3.17	138.35	51.64	221.13	176.03	243.39
2010	38.68	24.81	17.10	3.60	132.03	51.53	219.54	173.15	264.11
2011	38.28	24.14	17.83	3.86	123.53	46.41	216.82	161.78	266.04
2012	38.88	24.11	16.12	4.18	124.53	46.01	216.64	178.70	244.80

注：欧元区发行的债券年末未偿付余额为区内各成员国国内债券余额的总和。
资料来源：国内债券市值来源于国际清算银行，名义GDP来源于世界银行。

对关键储备货币国来说，除了资本市场之外，还需要强大的衍生品市场来提供风险管理的功能。在这方面，按币种划分的场外衍生品规模份额基本反映了相应币种的国际地位。可以看到（见表11），截至2013年4月，人民币外汇衍生品和利率衍生品分别只有2.24%和0.62%的份额——这甚至低于许多新兴经济体。

表11 2013年4月部分场外衍生品分布

单位：按货币统计,%

外汇衍生品		利率衍生品	
美　　元	87.05	欧　　元	48.90
欧　　元	33.41	美　　元	28.04
日　　元	23.04	英　　镑	7.97
英　　镑	11.81	澳大利亚元	3.25
澳大利亚元	8.64	日　　元	2.97
瑞士法郎	5.15	瑞典克朗	1.54
加拿大元	4.57	加拿大元	1.27
墨西哥比索	2.53	巴西雷亚尔	0.70
人　民　币	2.24	南非兰特	0.68
新西兰元	1.96	人　民　币	0.62
瑞典克朗	1.76	瑞士法郎	0.61
俄罗斯卢布	1.60	韩　　元	0.52
港　　元	1.45	墨西哥比索	0.41

注：外汇衍生品涉及两种或两种以上的货币，因此，按货币统计的加总份额超过了100%；利率衍生品为单一货币利率衍生品（Single-Currency Interest Rate Derivatives）。
资料来源：国际清算银行 *Triennial Central Bank Survey of Foreign Exchange and Derivatives Market Activity in 2013*。

3. 差距：对外资产负债的规模和结构

国际投资头寸描述了一个经济体对外的存量金融资产和存量金融负债，它是这个国家金融实力的直接反映，而国际投资头寸的结构则可以说明这个国家运营资金的效率。从国际投资头寸的规模和结构上就可以判断出一个国家在全球货币金融体系中的角色：是在全球运营资金的金融中介呢，还是一个简单的存款者？以 2010 年国际投资头寸为例，我们先来比较一下中、美的金融实力（见图 11）。2010 年，中国的资产为 4.1 万亿美元，只相当于美国资产（16.7 万亿美元）的 1/4；我国的负债为 2.3 万亿美元，相当于美国负债（19.2 万亿美元）的约 1/8。所以，虽然我国名义 GDP 已经达到美国的一半左右，但是，从存量金融资产和负债的角度看，相比于美国，我国的规模要小得多。尽管我国的金融资产大于金融负债，从而有 1.8 万亿美元的净资产，但是，这些净资产的积累主要是因为我们持有了过多的、正在贬值的外汇储备。

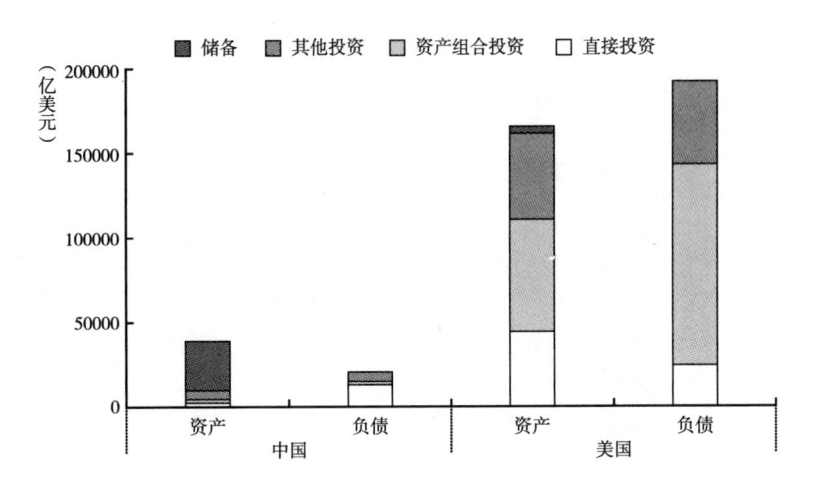

图 11　2010 年中、美国际投资头寸规模比较

资料来源：IMF。

进一步看中、美国际投资头寸的结构（见图 12），我们就可以发现两国在全球货币金融体系的角色差异了。我国显然是一个简单的存款者。我国的资产主要是以外汇储备为主体的储备资产，占总资产的比重高达71%。在美国量化宽松政策下，这些外汇储备不仅收益低，而且贬值风险巨大。我国的对外负债主要是境外进来的直接投资，占总负债的比重高达63%，而这些直接投资的回报率非常高。所以，与我国国际投资头寸高净值相对应的是低效的资产负债配置。与我国不同，美国具有全球金融中介的地位：在其负债中资产组合投资占61%，这些资产组合投资又以收益较低的债券，尤其是国债为主，类似银行吸收的"存款"；在其资产中储备资产只占了不到3%，高收益的直接投资达到27%，资产组合投资及其他投资分别占40%和30%——对这两部分投资的进一步分析可以看到，它们同样是高收益的股权类和非主权债务类资产。

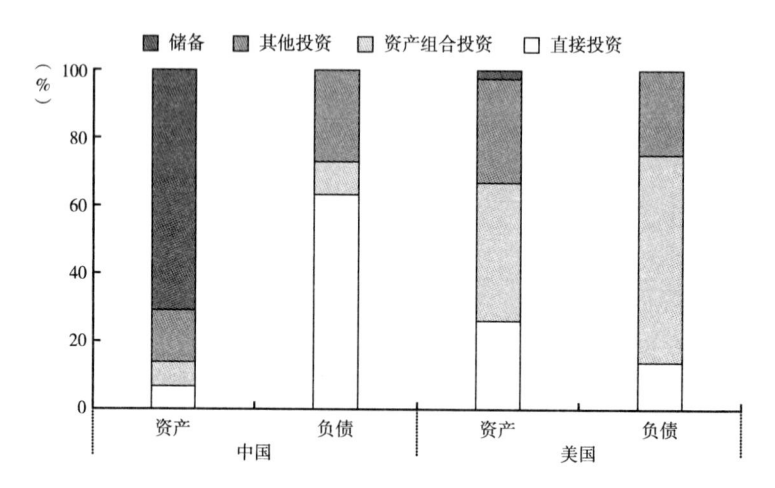

图12　2010年中、美国际投资头寸结构比较

资料来源：IMF。

第五节　阴阳经济学：到"阳气"十足的地方去

毫无疑问，我们必须摆脱美元霸权的阴气，推动人民币成为全球货币金融体系的关键储备货币。但是，我们不能用扩大货币使用范围的线性思维去指导人民币国际化，更不能用已经被证明是失败的日元国际化模式。翻开历史，我们还从未发现哪个储备货币国是以"贸易结算＋离岸市场"的模式取得成功的。

历史告诉我们（Levish，2002），离岸市场的发展不是本国货币成为国际关键货币的因，而仅是果。在本国货币国际化的过程中，尤其是初始阶段，它显然不可能发挥重要的作用。在这方面，我们已经看到，日元离岸市场的发展无疑是一大败笔。以美元离岸市场为例，其发端于20世纪50年代，大发展于20世纪70年代，而美元早已经在1945年的布雷顿森林体系中取代了英镑。即使是最近十年迅猛发展的欧元离岸市场，也同我们今天想要发展的香港人民币离岸市场存在本质的不同：货币统一为欧元区国家创造了一个庞大的跨国金融市场，在这个市场中，80%左右的债券发行国都是欧元区成员国，因为欧元区内的一国经济主体在另一国发行的债券都被统计为离岸市场发行。换言之，欧元离岸市场本质上是一个在岸市场。

欧元的崛起不是因为离岸市场，而是因为货币统一后创造的庞大的在岸市场。

历史还告诉我们（宋则行和樊亢，1998；艾肯格林，2009），除了特殊的欧元模式（若干主权国家采用同一货币）之外，在英镑和美元成为国际关键货币的过程中，特别是在英、美国内金融市场尚未充分发展的初始阶段，它们采用的都是"资本输出＋国际卡特尔/跨国企业"模式。"资本输出"，在金融形态上输出的是以本币或者比本币更可靠的黄金定值的信用，在物质形态上输出的是资本货物和技术。例如，在"一战"前英国对其殖民地附属国的资本输出，"一战"和"二战"期间美国对交战国的资本输出以及"二战"后美国的马歇尔计划。"资本输出"必然带来随后的"回流"，这样的"回流"在物质形态上是原材料、中间品和低端最终品，在金融形态上是以本币或黄金定值的债务本息。在"资本输出"和随后的"回流"中，本国的企业集团（国际卡特尔）或者跨国企业则是组织资源配置、生产、销售和定价的核心。

以史为镜，我们需要"练好内功"，加快经济金融体制改革，在做大我国经济规模和金融规模的基础上，改善经济结构和金融结构。在"练好内功"之前，我们不能为了国际化而国际化，要坚持先内（改革）后外（开放）的原则，不能在国内改革尚未全面展开和取得进展之前就贸然放开资本项目管制。在我国对外资产不断累积的过程中，我们应该加快"走出去"的步伐，推动我国对外直接投资，改善我国的国际投资头寸的结构。先前关于全球人口结构（见表7）的分析表明，我们应该到非洲去，到南美去，到东亚之外的亚洲区域去，因为那里有丰富的年轻劳动力，那里充满了创造财富的"阳气"。

参考文献

艾肯格林：《资本全球化》，彭兴韵译，上海人民出版社，2009。
宋则行、樊亢：《世界经济史》，经济科学出版社，1998。
Hiroo Taguchi. 1992. *A Survey of the Internationalizational Use of the Yen.* BIS.
Levich, R. 2002. *International Financial Markets：Prices and Policies.* 机械工业出版社。
Shigeo Nakao. 1995. *The Political Economy of Japan Money*, University of Tokyo Press.

第五章
金融大变革：顶层设计和风险处置

第一节 如何改革：从欧元区的"不可能三角"说起

前面我们已经看到，当前财政分权和金融分权的体制正在消耗人口红利的增长潜力，甚至正在形成潜在的系统性金融风险。事实上，财政分权和金融分权并非我国独有。在爆发严重危机的欧元区，同样实行财政和金融的同时分权，这样的体制是欧元继续保持关键储备货币地位的最大隐患。

欧元区实行统一的货币政策和分权的财政体制，但是，许多人可能并不知道，欧元区也是金融分权的体制——欧元区成员国拥有实际的金融管理权（Freixas, Hartmann and Mayer, 2008）。在欧元区层面，其金融管理架构属于"分权合作"（Decentralization with Cooperation）或"分权协调"（Decentralization with Coordination），而不是"集权"(Centralization);各个成员国的监管架构也有很大不同,有的是分业监管(Sectorial),有的是功能性混业监管(Cross-Sector Functional)或完全一体化监管(Cross-Sector Integrated)。例如,根据马斯特里赫特条约(Maastricht Treaty)第105条款,欧洲中央银行(European Central Bank,ECB)负责价格稳定和管理支付系统,但是,在金融监管方面,ECB与成员国中央银行(National Central Bank,NCB)的地位一样,甚至连发生危机时提供应急流动性的功能都是由NCB而不是ECB来担任。在这种情况下,当时的欧洲学者就认为,欧元区面临一种新的"不可能三角"(Impossible Trinity):在"金融系统的稳定""成员国层面的金融监管""金融系统的统一"三者中只能取其二。

不幸的是,在"不可能三角"中,欧元区选择了成员国层面的金融监管和金融系统的统一,结局就是金融系统的不稳定。在财政分权的背景下,各成员国为了本国的利益,无论是有意还是无意,都可能会利用金融分权的机会,争取在统一的金融市场获得更大份额的金融资源[①]。表1统计了欧元区德国和"欧猪五国"的杠杆率,显然,发生危机的五国都具有高得多的杠杆率。这里还有一个值得注意的现象:欧元区成员国杠杆率的差异一直存在,但是,从2005年开始,在"欧猪五

---

① 最为恶劣的例子是希腊政府联手高盛公司通过金融创新来掩饰其财政赤字。

国"杠杆率上升的过程中,欧元区 10 国的杠杆率标准差也在扩大。这表明,在金融分权的状况下,不断统一的金融市场使这样的差异在不断扩大。

表 1 欧元区部分国家的信用总量/GDP (%) 及标准差

年份	德国	葡萄牙	意大利	爱尔兰	希腊	西班牙	标准差
1999	181.23	173.44	162.06	—	128.23	130.53	—
2000	182.79	187.94	165.23	—	155.20	152.38	—
2001	185.76	210.22	172.60	168.29	168.23	164.11	34.53
2002	193.53	225.12	178.77	171.61	177.11	176.15	35.72
2003	198.55	238.68	185.14	184.61	183.47	187.22	37.70
2004	199.32	249.19	192.78	204.11	198.98	205.29	33.99
2005	200.35	268.95	203.80	232.81	213.66	227.78	34.38
2006	195.09	284.33	211.15	252.37	229.41	256.05	37.63
2007	191.90	304.71	219.95	272.56	244.48	275.45	43.03
2008	198.66	334.75	233.73	322.99	269.91	294.46	50.06
2009	216.15	364.17	258.58	368.04	297.66	318.81	56.75
2010	223.77	371.70	259.12	371.15	292.08	326.25	56.97
2011	226.69	378.47	254.96	406.62	267.52	328.54	64.99

注:信用总量包括贷款、债券等债务类工具。
资料来源:根据欧洲中央银行及欧元区成员国央行数据计算。

第二节 当前财政/金融体制下的风险累积和流动性短缺

虽然我国的增长型财政体制与欧元区的"吃饭财政"有根本性差异,我国的金融约束体制也不同于欧元区的金融自由化体制，但是，财政分权和金融分权的搭配造成了同样的后果：中央无法约束地方追逐局部利益的冲动，而这种冲动引发了整体的负外部性。在 2009 年之后，这种负外部性就表现为杠杆率的飙升。表 2 显示，以实体经济部门总负债与 GDP 之比作为杠杆率的指标，在 2003~2008 年我国的杠杆率是不断下降的，但 2009 年之后杠杆率显著上升①。2009 年后的杠杆率飙升既是因为多种因素导致的金融约束弱化，也是因为 2009 年"出手要重、出手要狠"的"四万亿"政策。为了实施这样的政策，中央从主观上放松了对地方 GDP 锦标赛的约束。

表 2 我国实体经济部门总负债、杠杆率以及分类负债占比

单位：万亿元，%

年份	总负债	总负债/名义 GDP	信贷占比	债券占比	银行同业占比	非银行金融机构占比
2001	131714.67	120.12	83.38	14.73	0.00	1.90
2002	162777.56	135.27	84.55	14.11	0.00	1.33
2003	198337.93	146.03	84.45	14.40	0.00	1.15
2004	220990.97	138.22	84.47	14.67	0.00	0.85
2005	252551.62	136.56	80.66	14.82	3.28	1.24
2006	289358.69	133.77	81.48	14.36	2.87	1.29
2007	352142.42	132.48	78.20	17.14	2.94	1.71
2008	405999.50	129.28	78.08	16.28	3.35	2.28
2009	535878.30	157.19	78.44	16.09	2.83	2.64

① 这里的杠杆率不包括金融部门的负债，因此低估了总体的杠杆率水平。金融部门负债见以下分析。

续表

年份	总负债	总负债/名义GDP	信贷占比	债券占比	银行同业占比	非银行金融机构占比
2010	664004.10	165.38	75.73	15.97	5.11	3.19
2011	764714.93	161.64	74.82	16.42	4.92	3.84
2012	914487.52	176.04	71.08	16.75	6.35	5.82
2013	1071388.36	188.34	67.84	16.88	6.70	8.57

注:"实体经济部门"包括政府(含中央政府、地方政府)、企业和居民;"信贷"包括短期贷款、中长期贷款、票据融资、融资租赁及其他贷款,不包括信托贷款;"债券"包括国债、地方政府债、企业债、公司债、短期融资券和中期票据,不包括金融机构发行的债券品种;"银行同业"为存款性公司对其他存款性公司债权减去其对其他存款性公司负债、银行部门持有的政策性金融债和商业银行债,反映了银行类机构通过同业业务为实体经济提供的净额信用;"非银行金融机构"包括信托公司为实体经济提供的信用、证券公司通道业务余额和保险公司债权与不动产投资计划余额,其中,信托占了80%。所有数据均来自相关监管调控部门的公开数据。

资料来源:中国社会科学院金融所财富管理研究中心。

1. 杠杆率上升背景下的债务结构恶化

"四万亿"政策之后,在杠杆率不断上升的同时,实体经济部门的负债结构也在恶化,进而使杠杆率上升与债务结构恶化之间形成恶性循环。观察表2可以看到,我国实体经济部门的负债包括信贷、债券和来自银行同业业务、非银行金融机构创造的信用等四个组成部分。在"过山车"式的调控方式下(2009年和2010年上半年过度的信贷宽松政策和此后的信贷收紧),实体经济部门的债务结构发生了三个重要变化。

第一,传统的债务融资占比在不断下降。实体经济部门传统的债务融资方式包括银行信贷和发债两种。自2009年以来,在债券比重大体维持不变的情况下,信贷的比重自2010年起显著下降。截至 2013 年，信贷在实体经济部门全部负债的比重由 2009 年的 78.44%强下降到不足 68%。信贷占比的下降反映了在前期过度宽松的信贷政策之后，宏观当局为抑制投资过热和信贷膨胀采取的紧缩政策。由于政策当局的调控均以显性的信贷为目标，难以顾及层出不穷的创新，因此，信贷比重应声而落。

第二，非传统的债务融资占比大幅度上升。非传统的债务融资方式包括银行同业业务和以信托为主的非银行金融机构，这两者均为近些年的金融创新，其中，后者是中国版本的"影子银行"：在银行资产负债表外的信用创造活动；前者则是国外所没有的"银行的影子"：在银行资产负债表中没有被统计为信贷科目的信用创造活动，如银行同业代付、信托受益权转让等①。到 2013 年，"银行的影子"和"影子银行"已经达到 16 万亿元的规模，占实体经济部门总负债的 15%左右。

第三，中央政府负债比重持续下降。实体经济部门包括政府、居民和企业三大部门，政府部门又分为中央和地方政府。中央政府的债务融资主要就是国债。从图 1 可以看到，危机爆发后我国国债的规模在实体经济部门的负债比重持续下降，2013 年为 8%，比 2008 年低 5 个百分点。所以，"四万亿"及

---

① 有关内容可以参照殷剑峰、王增武主编《影子银行与银行的影子》，社会科学文献出版社，2013 年第 1 版。

其后的信用膨胀是以企业、居民和地方政府的债务持续扩张为基础的，而本来应该在危机后扩张的财政政策却并未出现。进一步比较国债与 GDP 来看，财政政策也没有在危机后"挺身而出"：2009 年国债/GDP 是 17%，到 2013 年下降到 15%。

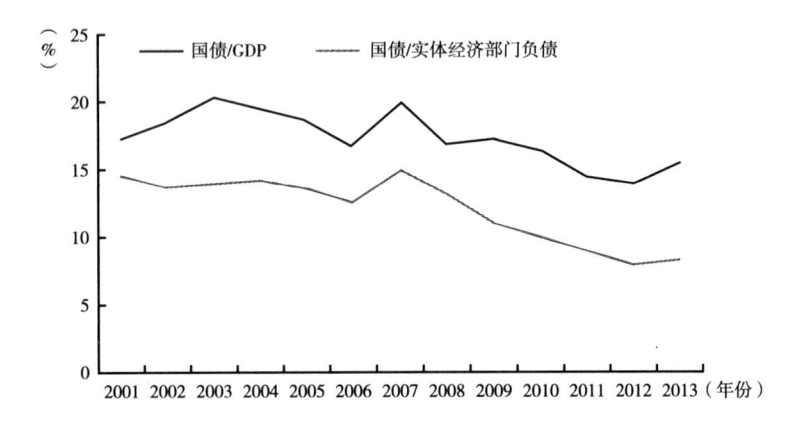

图 1　我国国债存量相对于 GDP 和实体经济部门负债的比重

资料来源：CEIC，中国社会科学金融所财富管理研究中心。

上述第一和第二个变化是工具层面的变化，反映了近些年货币政策和金融监管方面存在的问题。就银行同业业务而言，它本来应该是银行同业之间为调剂流动性而发生的相互融资拆借业务，但是在近些年，我国的银行同业业务却变成了绕规模、绕约束的变相信贷投放；就信托业务而言，它应该是"受人之托、替人理财"，但是，如同 20 世纪 80 年代末 90 年代初的情形，信托变成了各地用于"拉项目、找资金"的变相融资活动。

上述第三个变化是部门层面的变化，它一方面是危机后对地方金融约束放松的结果，另一方面也说明我国财政政策的思路是存在重大瑕疵的。我们知道，从宏观经济政策与经济周期的关系看，在经济衰退或遇到重大负面冲击的时候，应该采取扩张性的财政政策，以弥补私人部门投资的不足；在经济繁荣时，财政政策应该收缩，以防止挤压私人部门的投资。这意味着国债/GDP以及国债在实体经济部门负债比重应该呈现逆周期的变化，而不是图1中反映的两个比例的持续下降。

无论如何，上述债务结构的变化造成了三个恶果：实体经济部门债务和资产的期限错配问题严重、偿债压力上升、融资链条拉长。

2. 债务结构恶化与风险累积

上述债务结构的变化使我国系统性金融风险在不断累积，其中第一个表现就是实体经济部门日益严重的期限错配。从工具层面的变化看，在四种债务融资方式中，银行同业业务和以信托为主的非银行金融机构提供的融资均属于短期融资工具，期限多为一年以下，而贷款和债券的平均期限在2013年分别为1.86年和5.65年，因此，实体经济部门的债务结构在工具层面的两个变化就导致整体的债务期限缩短（见表3）。另外，从部门层面的变化看，中央政府的负债——国债的期限最长，因此，实体经济部门负债向企业、居民和地方政府负债的转移也是造成债务期限缩短的重要原因。此外，扣除中央政府的国债之后,在剩余的债券品种中,由于债券发行管制,期限长的企业债和公司债的份额也在不断下降。在债务期限不断缩短的同时,近些年实体经济部门增加的资产均是长期的固定资产投资,资产和负债的期限错配问题由此愈发严重。

表3 实体经济部门债务融资工具的平均期限

单位:年

年份	全部负债	信贷	债券	国债	企业债	公司债	中期票据	短期融资券
2008	2.68	1.78	7.56	8.06	9.01	6.67	3.48	0.53
2009	2.64	1.88	6.81	7.73	8.05	5.94	3.40	0.54
2010	2.63	1.97	6.61	8.05	7.57	5.69	3.18	0.49
2011	2.59	1.93	6.35	8.43	7.02	5.04	3.10	0.52
2012	2.46	1.86	6.03	8.50	6.70	4.64	3.15	0.50
2013	2.39	1.86	5.65	8.09	6.48	4.04	2.80	0.40

资料来源:中国社会科学院金融所财富管理研究中心。

系统性风险累积的第二个表现就是实体经济部门偿债压力显著上升。银行同业和非银行金融机构创造的债务融资具有成本高、期限短的特点。对2013年部分银行的调查显示,银行同业的年化利率平均为14%,甚至17%,信托公司的信托融资成本也不下于此。高利率、期限短带来的本金偿还压力以及两种融资工具比重的上升使实体经济的偿债压力显著上升。此外,从部门负债看,国债的期限最长、成本最低,国债的减少也构成了整个实体经济部门偿债压力上升的重要因素。我们以实体经济部门的偿债率——每个季度债务本息偿付额与每个季度新增 GDP 之比来反映偿债压力，可以看到（见表4），到 2013 年，偿债率已经接近 124%，这意味着每个季度偿债额都超过了当季新增的收入，"借新还旧"成为维持债务规模的重要手段。进一步考察偿债压力的来源，我们发现，尽管信贷构成了债务的主体部分，但是，信贷本息偿付额占全部本息偿付额的比重是在下降的，而银行同业业务和信托为主的债务融资本息偿付的占比在不断上升。这说明，正是近些年的所谓创新构成了实体经济偿债压力上升的主要来源。

表4 实体经济部门的偿债率和各类融资工具本息偿付额比重

单位：%

年份	偿债率	信贷本息偿付额/全部本息偿付额	债券本息偿付额/全部本息偿付额	其他本息偿付额/全部本息偿付额
2007	73.67	85.04	3.89	11.07
2008	82.13	85.84	3.46	10.70
2009	79.65	87.07	4.79	8.14
2010	79.86	74.60	4.61	20.79
2011	87.37	77.33	4.24	18.43
2012	103.95	74.27	4.26	21.47
2013	123.74	70.20	4.20	25.60

资料来源：中国社会科学院金融所财富管理研究中心。

系统性风险累积的第三个表现就是金融部门相互负债增加，融资链条拉长。由于银行同业业务和信托产品的主要目的就在于绕开各种形式的金融监管和管制（法定资本金比例、法定存款准备金比率、贷存比等），因此，这些产品和业务高度依赖金融机构之间的相互融资行为,这就导致融资链条拉长。例如,原先一笔贷款仅涉及借款企业和放贷银行之间的债权债务关系,在银行同业和信托牵扯进来后,可能就涉及借款企业和若干家银行、信托之间的复杂债权债务关系。融资链条每拉长一节,融资成本就上升一截,金融体系的脆弱性就增加一成——2008年美国雷曼兄弟公司倒闭之所以能够将本来规模不大的次贷危机转化为全球性的流动性危机,其原因就在于金融机构之间复杂的债权债务关系。

随着实体经济部门其他融资规模的上升,我国金融部门负债(主要是金融部门相互负债)的规模也在迅速累积,到2013年第4季度(见图2),已经超过了35万亿元。进一步对两者的比例关系进行计算,可以发现两者之间日益密切的关

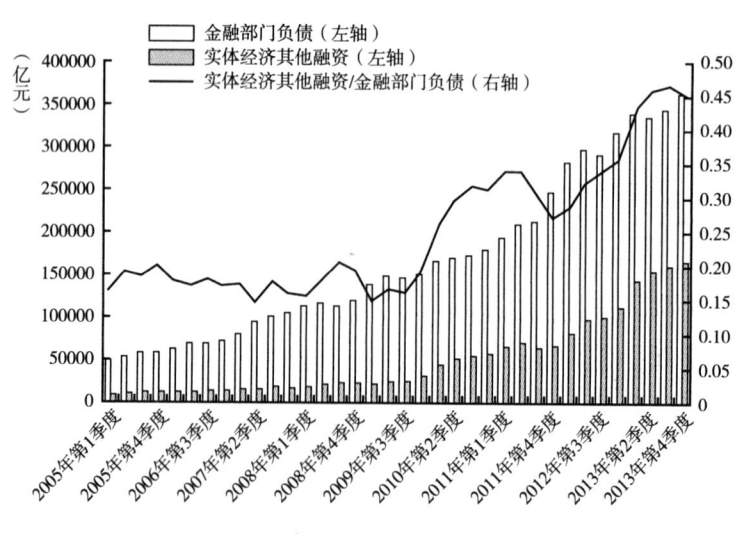

图2 我国金融体系负债状况

资料来源:CEIC。

系。在2010年前银行同业业务和信托尚未"蓬勃"发展之时，金融部门负债每增加1元，实体经济部门其他融资的规模增加不到0.2元，实体经济部门其他融资/金融部门负债的水平非常稳定。从2010年开始，这个比例迅速上升，到2013年第4季度，金融部门负债每增加1元，实体经济部门其他融资的规模就增加0.45元。

3. 债务结构恶化与流动性短缺

随着实体经济部门债务结构的恶化，2011年年初迄今，我国宏观金融形势由此前的流动性泛滥逐步转向流动性收缩，目前已经处于流动性短缺的状态。不仅广义货币总量上升动力趋于疲软，而且，更重要的是，货币的结构也呈现流动性越来越弱的趋势。流动性短缺导致名义利率维持在高平台上，真实利率则处于十年来最高的水平。

从2001年以来的经验看，广义货币总量M2的同比增速基本保持在年均15%~16%的水平，这大体对应宏观经济既无高通货膨胀，又无通货紧缩的潜在增长水平。M2的同比增速高于16%就会出现经济过热——例如，在信用极度膨胀的2009年、2010年以及在"流动性过剩"的2007年；M2的同比增速低于15%则经济过冷——例如，自2011年7月以来，除了2013年1~5月，M2同比增速均低于15%，并且，自2013年年底以来，M2增速下降明显，2014年3月已经低至12.1%（见图3）。

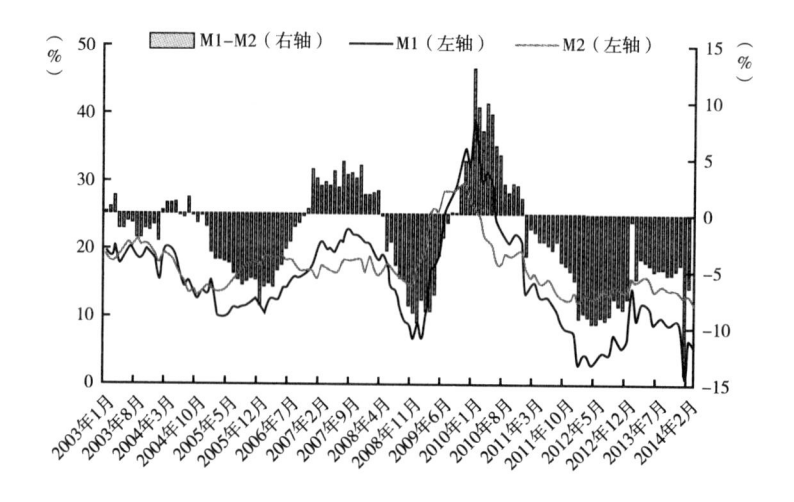

图3 2003年1月至2014年2月我国M1、M2增速和两者差值

资料来源：CEIC。

在广义货币量增速下滑的同时，货币的结构也愈发不具有流动性，表现在狭义货币量M1增速慢于M2增速，M2中M1的占比不断下降。同样从2001年以来的经验看，如果M1能够与M2同步保持在15%~16%的增速，则是最佳的。如果M1增速超过了M2增速，尤其是在M2增速已经较高的时候，就会出现流动性过剩（如2007年），甚至流动性泛滥（如2009和2010年），实体经济因而会发生高通货膨胀和资产价格膨胀；反之，如果M1增速慢于M2增速，特别是在M2增速已经相对较低的时候，就会出现流动性不足，甚至流动性短缺，物价会下跌，甚至出现通货紧缩。从2011年1月迄今，M1增速一直慢于M2，反映了宏观政策趋紧的态势。但是，2013年6月以来，在M2降速的同时，M1变成以个位数增长,就显得过于缓慢了。从流动性泛滥到流动性不足乃至流动性短缺的过程,表现在宏观经济层面,最突出的一点就是物价水平的持续下跌。而且,从2012年3月以来,PPI已经由正变负。与1997年以后的通货紧缩时期相比,CPI还维持了正增长,但增速低于3%的经验基准值。流动性短缺和通货膨胀率下降导致的直接结果就是实体经济负债成本的上升。一方面,货币总量趋缓和货币结构流动性下降使名义利率高企。以基准利率、银行间市场1天拆借利率(月度加权后)为例,自2011年迄今,1天拆借利率一直维持在4%~5%的高平台上,在2013年6月"钱荒"时期甚至飙升到近7%(见图4)。另一方面,在名义利率较高的情况下,由于PPI由正变负,企业真实借贷成本进一步大幅度上升。以1天拆借利率减去PPI同比增速来计算基准的真实利率,则可以看到,自2012年6月以来,真实利率就基本上在5%以上。在过去十年中,除了2009年受危机冲击的短暂时期,这种状况从未发生过。

流动性短缺的根本因素在于杠杆率上升和债务结构恶化导致的流动性需求显著加大。按照凯恩斯货币需求理论,货币需求源自经济当事人的交易动机、预防动机和投机动机。在我国,M2主要取决于经济当事人(尤其是居民)的储蓄/消费行为,真正具有"流动性"意义的货币量是狭义货币量M1——其主要构成是企业活期存款。随着债务期限的缩短和偿债压力的显著加大,用于偿还债务的流动性需求上升,预防未来偿债的货币窖藏需求上升。此外,随着融资链条的拉长,大量的流动性积压在机构和机构之间的"倒手"交易中。在流动性需求显著上升的同时,既定的货币供应体制又使流动性的供给受到极大约束,这成为狭义货币供应量 M1 增速趋缓的关键因素(见以下讨论),并与流动性需求上升一起导致名义和真实利率水平的上升。

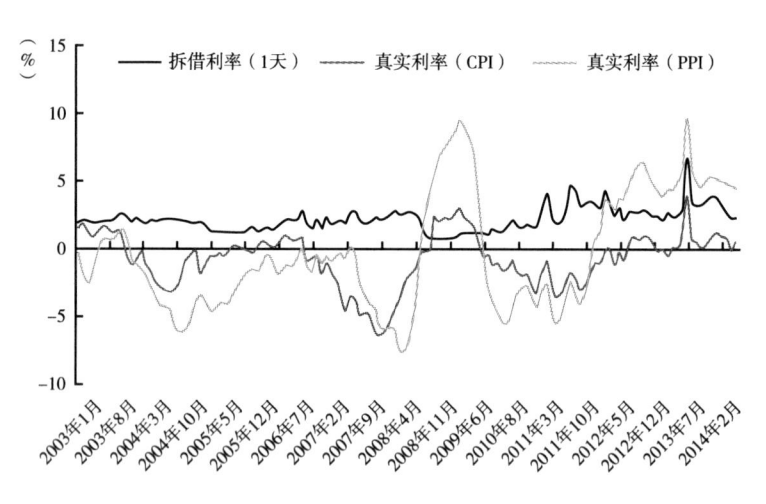

图 4　2003 年 1 月至 2014 年 2 月名义利率和真实利率

资料来源:CEIC。

第三节　顶层设计:财政/金融体制改革

自 2003 年以来的财政分权和金融分权在导致我国经济增长方式不可持续的同时,正在形成潜在的巨大系统性风险。这种体制必须改革，改革的方式不能是碎片化和"自下而上"的，必须是财政和金融体制同时进行的系统性改革——"顶层设计"。"顶层设计"并非什么新鲜事物。在三十多年的改革历程中，1993年十四届三中全会上通过的《中共中央关于建立社会主义市场经济体制若干问题的决定》就是标准的"顶层设计"。十八届三中全会通过的《中共中央关于全面深化改革若干重大问题的决定》（以下简称《决定》）是又一次决定中国政治、经济发展前途的重大顶层设计。

1. 政府与市场的关系：从"援助之手"到"无形之手"

处理好政府与市场的关系是改革的第一要务。对此，十四届三中全会指出："建立社会主义市场经济体制，就是要使市场在国家宏观调控下对资源配置起基础性作用"。十八届三中全会的《决定》将市场的作用从"基础性"上升到了"决定性"的高度："经济体制改革是全面深化改革的重点，核心问题是处理好政府和市场的关系，使市场在资源配置中起决定性作用和更好发挥政府作用。"在笔者看来，处理好市场与政府关系的核心又在于"更好发挥政府作用"。这就要求政府从"援助之手"转变为"无形之手"。

从"援助之手"转变为"无形之手"，首先是因为，随着经济发展，"援助之手"的效力越来越低下。发展经济学和转型经济学早就注意到，在苏联和20世纪90年代之前的东亚新兴经济体中，强有力的计划经济和政府主导的模式之所以能够获得相当程度的成功,就在于经济发展之初资本的短缺和高效投资项目的易于识别。在这种情况下,一只有力的"援助之手"通过产业政策、限制竞争,可以迅速突破资本短缺的瓶颈,通过投资有利的项目推动经济增长。但是,随着经济发展,成熟技术的投资项目基本投资完毕,甚至出现了产能过剩,能够推动未来经济增长的投资项目越来越不易识别,"援助之手"就会变成"无能之手",在体制机制弊端愈发严重的情况下,甚至会变成"攫取之手"。

从"援助之手"到"无形之手"的转变还在于,随着经济的发展,对"无形之手"的需求越来越大。在财政方面,"瓦格纳法则"表明,公共品需求具有很高的收入弹性,因此,经济越发达,公共品需求越大——这种需求只能在公共财政体制而非增长财政体制下才能得到满足。在金融方面,随着经济增长,"过剩的"资本要追逐越来越难以识别的投资项目,因此,就需要具有广度和深度的多层次金融市场来挖掘、发现和扩散信息,需要有运转良好的金融市场来管理、分散投资风险——显然,这只能在金融自由化体制而非金融约束体制下才能得到满足。

从"援助之手"到"无形之手"并不是要政府无所作为,而是有所为、有所不为,更好地发挥政府的作用。在诸多市场和体系尚未建立、宏观经济存在巨大波动风险的现阶段,更好地发挥政府作用应该主要体现在以下几个方面:第一,要

"简政放权,深化行政审批制度改革",主动减少不恰当的干预;第二,要"完善产权保护制度","积极发展混合所有制经济",建立"公有制为主体、多种所有制经济共同发展的基本经济制度";第三,要"实行统一的市场准入制度",以"负面清单"为基础,推动市场规则和体系的建设;第四,要放弃对价格的干预,"推进水、石油、天然气、电力、交通、电信等领域的价格改革";第五,要"改革市场监管体系,实行统一的市场监管",要"健全宏观调控体系","减缓经济周期波动影响,防范区域性、系统性风险"。

2. 财政体制:从增长型财政分权体制到公共财政分权体制

在正确处理政府和市场关系的基础上,需要理顺中央和地方的关系——其重点又在于事权和财政支出的划分。如《决定》中指出:"适度加强中央事权和支出责任,国防、外交、国家安全、关系全国统一市场规则和管理等作为中央事权;部分社会保障、跨区域重大项目建设维护等作为中央和地方共同事权,逐步理顺事权关系;区域性公共服务作为地方事权。中央和地方按照事权划分相应承担和分担支出责任。"至于财政收入,要"保持现有中央和地方财力格局总体稳定,结合税制改革,考虑税种属性,进一步理顺中央和地方收入划分"。

显然,《决定》对中央和地方关系的阐述就是要求财政体制从增长型财政分权体制向公共财政分权体制转变。《决定》中对事权和基于事权的支出责任的强调反映了两种财政分权体制的关键差异就在于此，因为事权界定了政府是"援助之手"还是"无形之手"。可以看到，在公共财政分权体制下，公共品的属性是划分中央和地方的事权与支出责任的依据。例如，在德国，联邦政府负责对具有全国属性的公共品的提供和管理，包括国防、国际关系、联邦铁路、公路、水运航行、空中航行、邮电通信、社会保障（联邦承担一部分支出，具体事务委托相对独立的社会保障机构）和重大科学研究计划；州政府负责地方性的环境保护、卫生健康事业及保健设施建设、法律事务和司法管理；地方政府负责地方公路建设和公共交通事务、科学文化和教育事业、水电和能源供应、社会住宅建设和城市发展规划、地方性公共秩序管理、卫生和医疗保障、社会救济等。在美国，联邦政府负责国防、邮政服务、社会保障和医疗保险、退伍军人福利（联邦政府提供99%左右的资金）；州政府负责失业救济、公共福利、高速公路和监狱的修建和管理；地方政府负责火灾消防、排水、教育和警察服务等。

在我国，中央要适度增加事权和支出责任，承担其提供全国公共品的责任。这样做的好处在于，在转变政府职能方面，中央起了带头模范作用；而且，通过建立全国统一的劳动力要素市场，增加劳动力要素的流动性，能约束依靠土地财政的地方政府。在上一章中，我们看到户籍制度和公共品的区域分割是导致劳动力要素市场分割乃至土地财政 2.0 猖獗的两个重要因素，对这两个因素，前者显然是后者的因，但是，反过来看，也正是公共品的区域分割使户籍制度得以维持、难以改变，因为取消户籍制度就意味着地方政府要承担更多的公共品供给的责任。在当前财政体制下，这肯定会受到地方的抵制，而且，尤其对中心城市而言，它们也不具备提供更多公共品的财力。所以，中央财政的支出转向为提供统一的公共品，就是打破公共品区域分割、推动户籍制度改革，进而建立全国统一的劳动力要素市场的基本前提。而在财政体制改革完成之前，户籍制度改革依然需要循序渐进。对此，《决定》中指出要"加快户籍制度改革，全面放开建制镇和小城市落户限制，有序放开中等城市落户限制，合理确定大城市落户条件，严格控制特大城市人口规模"。

在财政收入方面，增长型财政分权体制和公共财政分权体制也存在差异。例如，增长型财政更多地靠间接税，公共财政更多地靠直接税。不过，收入的差异并非根本。事实上，即使是实施公共财政体制的国家（如美国和德国），在财政收入方面也存在很大差异。

除了以事权和财政支出的合理划分来推动财政体制改革之外，还需要改变当前地方对土地财政，尤其是以房地产为基础的土地财政 2.0 的依赖。显然，土地制度改革是根本。在目前情况下，首先需要赋予农村集体用地与国有土地相同的权利。

《决定》中提出要"建立城乡统一的建设用地市场","允许农村集体性建设用地出让、租赁、入股,实行与国有土地同等入市、同权同价",要"慎重稳妥"地推进农村宅基地的抵押、担保和转让,要逐步允许农村耕地承包经营权在公开市场上流转。在此基础上,要"缩小征地范围","建立兼顾国家、集体、个人的土地增值收益分配机制"。同时,对于地方政府圈地搞城镇化的行为,《决定》指出,要"完善城镇化健康发展体制机制……推进以人为核心的城镇化……"

除了土地制度改革之外,当前的土地出让金制度也需要改革。前一章中我们看到,在土地财政2.0和土地财政1.0的三个差异中,第二个差异,即土地出让金的一次性征收,是地方政府"寅吃卯粮"、大肆圈地的重要原因。对此,《决定》并未直接触及,只是提出"加快房地产税立法并适时推出改革"。笔者以为,这种房地产税的改革过于长远,远水难解近渴。当前,应该立即着手对土地出让金制度进行改革,将现在的一次性征收转变为在土地使用期限内按年度征收,这样既可解决地方政府短视行为造成的增长不可持续问题乃至金融风险,也有利于探索中国版本的市政债,解决城镇化进程中的融资问题。在改变土地出让金收入制度的同时,支出需要进一步做透明化的制度安排。通过土地出让金制度的改革,或许能够较快地实行财政理论界长期呼吁的省以下财政分权体制的改革。

3. 金融体制：从金融约束体制到金融自由化体制

在金融体制改革方面，正确处理政府与市场的关系要求我们从当前的金融约束体制转向以市场发挥配置资源决定性作用的金融自由化体制。金融约束体制的好处在于，在经济发展的初级阶段，它可以有效地动员储蓄并将储蓄配置到成熟技术的大规模投资中，并且，相对于金融自由化体制，金融约束体制比较稳定有序；其坏处则在于，当经济发展到相当阶段时，它易导致储蓄过度、消费不足，且难以为蕴含新发明、新技术的风险投资配置金融资源，并且，从全球金融格局看，它也极大地约束了我国的金融软实力，使我国在国际货币金融体系乃至整个国际政治经济体系中居于被支配的从属地位。

从金融约束向金融市场化体制的转变首先需要"条条"职能的转变，即从行政审批、价格管制和干预微观金融活动的行政管理体制转向以维护市场公平竞争和宏观金融稳定的市场化监管体制。事实上，正如金融约束论的作者们担心的那样，现在各个"条条"正在变成权力的既得利益者，正在成为改革的阻力。对金融约束体制的改革，《决定》从金融机构的市场准入和推出、证券发行机制、价格市场化、资本项目开放等方面做了阐述："允许具备条件的民间资本依法发起设立中小型银行等金融机构"，"完善金融机构市场化推出机制"，"推进股票发行注册制改革"，"完善人民币汇率市场化形成机制，加快推进利率市场化","推动资本市场双向开放,有序提高跨境资本和金融交易可兑换程度"。

在职能转变的同时,应该顺应混业经营的趋势,重新设计"条条"的架构,从当前多头分散的管理体制转向集中统一的管理体制,避免"条条竞争、块块得利"。需要注意的是,建立集中统一管理体制的前提是"条条"职能的转变,在依然是行政干预的体制下,权力的过快集中将会迅速扼杀金融创新的活力(殷剑峰,2006)。在当前潜在的系统性金融风险日益不容忽视的情况下,统一管理体制的第一步应该是尽快建立一个横跨"条条"的信息收集、整合和分析的平台,以摸清我国总体及各地区、各部门的杠杆和偿债能力,并形成对宏观金融风险持续的跟踪评估机制。

在"条条"职能转变和重构的过程中,应该加强对地方的金融约束。这不仅是因为金融改革就是要从金融约束体制下的分权转向金融自由化体制下的集权,而且也是因为过去的财政和金融分权体制正在导致潜在系统性风险的集聚。2011年对各地证券交易所的清理(如同20世纪90年代的清理一样)只是一个开始,未来应该从三个方面加强金融约束:第一,应该对基于土地抵押,尤其是与地方城建行为相关的银行信贷(包括"影子银行"和"银行的影子")予以控制,在透明化的同时,提高这些信贷的风险权重和拨备要求;第二,对地方所属的各类金融机构,尤其是近些年以服务中小企业和实体经济为名而发展起来的各种金融机构（如小贷公司）进行全面调查和清理；第三，对地方以推动金融改革开放为名实施的绕开资本项目管制的做法予以制止，重点是约束珠三角地区吸引境外人民币流入的做法。

需要注意的是，财政体制改革和金融体制改革必须协调配合、共同推进。首先，财政体制改革是金融体制改革的基础。没有财政体制的改革，金融改革是不可能完成的。例如，作为一个老大难的问题，中小企业融资难的重要原因就是，在现有的土地财政模式下，这些企业不太可能拥有信贷的抵押品——土地；在地方政府行为不改变的情况下，过快放松资本市场（股票和债券市场）的审批制有可能会使市场中的逆向选择和道德风险问题更严重，而股票市场退市制度之所以长期无法有效实施也在于地方政府对所属上市公司的保护。更重要的是，在财政体制不改革的情况下，过快的金融改革意味着金融约束的放松和系统性金融风险的集聚。

其次，没有金融改革，财政改革也将步履维艰。金融改革助力财政改革的第一个方面就是为财政分权体制下各地政府的城镇化融资需求服务。在城镇化的进程中，地方政府客观上存在巨大的融资需求。在金融约束尚无法立刻取消的时候，可以探讨利用透明的债券市场满足这样的需求，从而取代不透明、导致风险积聚的影子银行和银行的影子。例如，在当前的法律制度下，美国式的市政债无法推出，但是，完全可以允许地方的城投公司以购房者分年度缴纳的土地出让金作为偿债现金流，发行中国版本的市政债。

金融改革助力财政改革的第二个方面涉及财政的赤字融资问题。我们知道，从增长型财政转向公共财政意味着财政的赤字倾向，这首先源于两种财政体制在收支两个方面的差异：根据瓦格纳法则，公共品需求的高收入弹性将导致财政支出的加速扩张，表现为财政支出/GDP 的上升；同时，公共财政体制下的支出不像增长型财政体制下的支出（政府投资）那样可以直接产生 GDP 和财政收入。此外，未来转向以直接税为主的收入结构也将导致财政收入的刚性，因为政府难以通过提高所得税率来增加财政收入。为未来的财政赤字融资无疑得依靠债券市场的不断发展和结构优化，在 2019 年基于劳动力转移的高储蓄、高投资、高增长格局结束之后（见第二章），财政赤字融资还将取决于人民币能否成为关键的国际储备货币（见第四章）——实现融资这一目标的前提显然也还是在金融市场化体制下建立一个有深度、有广度、高度开放的在岸人民币金融市场。

第四节　金融风险处置：长短结合的措施

体制改革是治本之策，但对我国面临的系统性风险而言，尚有远水不解近渴之意。前已分析，当前我国的宏观金融形势已经由 2009 和 2010 年的流动性泛滥转向了流动性不足乃至流动性短缺。为了防止流动性短缺继续演变为长期经济低迷的流动性陷阱，在避免再次"放水""抱薪救火"以至于出现流动性过剩和泛滥的前提下，需要采取兼顾长期改革和短期风险处置的措施，改革目前的货币政策调控和融资机制，在加快推动我国金融改革的同时，保持流动性的合理水平。

1. 改革准备金制度

在当前流动性短缺和各项宏观经济指标疲弱之际，市场对央行再次下调法定存款准备金率的期望和预期开始增强。确实，如果采取这样的手段，是可以改善当前流动性短缺的状况的。但是，采取这样的做法，一则会给市场造成"放水"的预期，从而延误经济结构的调整，二则更是延续了此项制度对我国宏观金融运行的深刻弊端，使我国错失改革的良好时机。

就当前面临的流动性短缺来看，其固然源自实体经济部门杠杆率的上升和债务结构的恶化，但从流动性供给来看，也的确与我国货币政策偏紧有关。在图 5 中我们比较了 2005 年 1 月至 2008 年 2 月流动性愈发过剩时期与 2011 年宏观政策开始愈发收紧时期的狭义、广义货币供应量。由于绝对量的比较无意义，这里以两个时期开头为基期，比较相对变化的情况。可以看到，尽管后一时期的广义货币增幅与前一时期增幅相当，但是，狭义货币量的增幅大幅度小于前一时期。所以，前一时期之所以感觉流动性过剩而后一时期之所以感觉流动性短缺，就在于具有真正"流动性"意义的狭义货币供应量的差别。广义和狭义货币供应量从2011年以后的分野同我国目前的货币供应制度有密切的关系：在人民币尚未完全摆脱美元体制的情况下，外汇占款构成了我国货币发行的事实上的准备资产。外汇占款的多寡不仅影响国内基础货币的投放，而且，由于外汇占款来自经常项目和资本项目下外汇的结汇，其对应的主要就是被统计为狭义货币的企业存款。因此，外汇占款增加，一方面意味着基础货币投放的增加，另一方面也意味着狭义货币的增加。

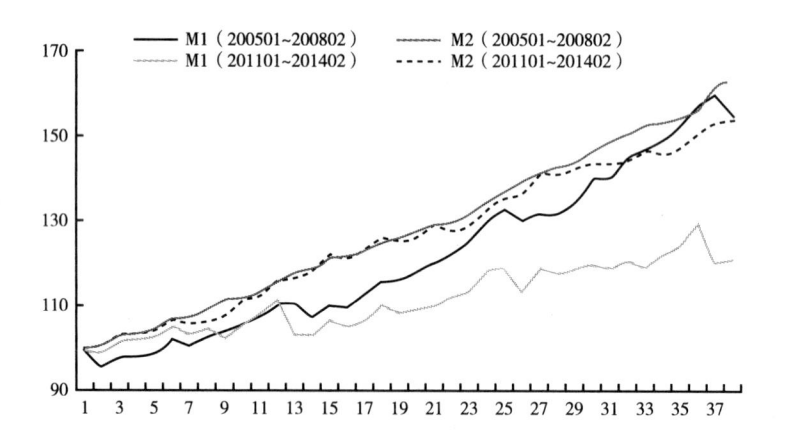

图5　流动性过剩时期与流动性短缺时期货币供应量比较

注：基期=100，基期分别为2005年1月和2011年1月。
资料来源：根据CEIC数据计算。

为了调节外汇占款对国内的影响，法定存款准备金制度就扮演了极其重要的角色。在 2006 年到 2008 年上半年外汇占款增速加快、流动性日趋过剩的时期，以及 2010 年后控制信用过快膨胀的时期，上调法定存款准备金率都成了收缩流动性的主要手段；而在 2008 年 9 月美国次贷危机演化为全球金融危机的时候，随着外汇占款增速的下降，央行又通过下调法定存款准备金率来扩张流动性。进入 2014 年，在经济趋缓的态势日益明显的情况下，央行又屡次实施所谓的"定向降准"。

然而，由于我国的法定存款准备金制度对不同"流动性"状况的存款采用相同的缴纳标准，活期存款和定期存款都需要按照同样的准备金率缴存法定存款准备金，因此，在外汇占款增速不同的时期，法定存款准备金率的调节具有一种非对称效应。当外汇占款增速加快的时候，由于外汇占款主要对应企业存款，亦即狭义货币 M1 的增加，因此，提高所有类型存款的法定存款准备金率只能部分对冲境外输入的流动性；相反，当外汇占款增速放慢的时候，狭义货币的增速也趋缓，此时，尽管按照全部存款和广义货币的标准来看，法定存款准备金率没有变化或者因为"降准"而略有下降，但是，按照活期存款和狭义货币的标准看，法定存款准备金率就显得抬高了。从图 6 可以看到，目前恰恰就是这种情况：以 M1 来测算的"法定存款准备金率"自 2011 年以来已经上升到 60%，远高于以 M2 来统计的标准。法定存款准备金制度于 1863 年正式诞生于美国，其初衷是为了维持银行的稳健经营，以保护存款人的利益。但是，随着金融监管体系的逐步健全，这项制度维护金融稳定的功能已经逐步被其他制度（如法定资本充足率要求）所取代，而在金融市场大发展和金融混业的背景下，其扭曲资源配置的负面效应越来越突出。因此，主要国家都于20世纪80~90年代逐步减少法定存款准备金缴存的适用范围，降低直至取消法定存款准备金率要求。在全球主要经济体中，我国是唯一维持如此之高的法定存款准备金率的国家，其主要背景是2005年以后外汇占款的快速增加。由于相较于其他工具（如央票），提高法定存款准备金率对冲外汇的成本低、效果快，遂使这项制度延续迄今。但是，其弊端极大，具体表现为以下几个方面。

图6 两种法定存款准备金率

资料来源：CEIC。

第一，扭曲了货币政策的目标，阻碍了人民币汇率形成机制的改革。大国经济体的货币政策应该以内部均衡为首要考虑，外部均衡次之。由于外汇占款和对冲外汇占款的法定存款准备金（以及央票）构成了央行资产和负债的主体，央行通过资产负债变动所实施的货币政策严重受制于外部影响，在内部均衡和外部均衡两个目标上必然左右摇摆、首尾难顾，而且，这也意味着人民币汇率形成机制难以真正市场化。

第二，扭曲了资源配置，阻碍了市场发挥资源配置的决定性作用。银行业存款的变动，无论是否来自外汇的增加，都需要将20%左右的部分锁定在央行账户上。非市场化的运用必然意味着效率的低下，且准备金缴存形成的高税负效应必然被转嫁，变成较低的存款利率和较高的贷款利率。由于如此大量的金融资源被锁定，它也构成了我国利率市场化和债券市场发展的一大障碍。

第三，这项制度本身设计混乱，且愈发不透明。目前的法定存款准备金制度形成于1998年的改革（《关于改革存款准备金制度的通知》，中国人民银行，1998年3月24日），此后即无正式安排，具体做法都是在操作过程中形成的，缺乏系统、透明的制度安排。首先，如前所述，这项制度没有按照期限长短、流动性强弱确定不同的准备金率，而是对所有的活期存款、定期和储蓄存款适用同样的准备金率，这与该项制度设立之初衷——保持银行适度流动性以应对存款的提取——相悖，也不符合我国利用此机制对冲外汇占款的要求，因为外汇占款形成后主要对应的是企业活期存款。其次，具有高度流动性特征的同业存款不用缴纳法定存款准备金，这构成了商业银行监管套利的漏洞。最后，对不同银行采纳差别准备金的做法不透明，潜藏道德风险。

总之，从金融改革的长期方向看，改革法定存款准备金制度极其重要。而在这种改革的过程中，可以发挥市场自发的力量，增加流动性的供给。短期内可以立即采取的做法是，效仿其他国家和经济体（如美国和欧元区），首先降低，甚至取消中长期定期存款的法定准备金要求，按照非金融企业和居民存款的期限确定不同的法定存款准备金率。可以在保持活期存款准备金率不变的情况下，降低企业和居民存款中定期存款部分的准备金率。例如，如果将企业定期存款和居民储蓄存款的法定存款准备金率下调 1 个百分点，就大体能够使商业银行超额准备金率上升 0.7~0.8 个百分点，流动性短缺状况将能得到缓解。然后在中长期，可以配合外汇管理体制改革，在将外汇资产及其对应的负债剥离出央行资产负债表的过程中，逐步降低直至取消定期存款的法定存款准备金率。

2. 改革资本市场管理制度

近些年实体经济部门债务结构的恶化、"影子银行"和"银行的影子"的泛滥除了起因于地方政府 GDP 竞标赛和"过山车式"的调控之外，还反映了我国资本市场的落后，这导致融资需求只能转向期限短、成本高和不透明的银行同业业务和信托业务。

我国资本市场落后的根源在于行政主导、多头管理的体制，即"条条"架构。在这种架构下，各部委依据它们的权限分别对相应的机构、市场、产品等进行行政化的管理。除了少数产品和少数业务实行比较市场化的备案制之外，大多数的产品和业务都是由相应的管理部门实行事实上的行政审批制，对金融机构的准入也实行了严格的限制。同时，在混业经营、分业监管的背景下，相关法律、规章赋予了各部门诸多类似的权力，相关的法律、规章存在有意无意的模糊空间，这一方面使各部门的权限范围出现了诸多重叠区域，另一方面还造成诸多监管漏洞，很多新型产品和新的金融业态并不在监管体制的管辖范围之下。

行政主导、多头分散的格局尤其体现在需要得到大力发展的债券和衍生品市场中（见图7）。在债券和衍生品发行管理方面，财政部负责国债发行的监管，中国人民银行负责金融债、非金融企业债务融资工具、信贷资产证券化产品以及利率和汇率衍生品等的发行管理，证监会负责公司债券（目前只限于上市公司发行的公司债、可转债等）和在场内市场交易的衍生品发行管理，国家发改委负责企业债券的发行监管，银监会除会同中国人民银行参与商业银行金融债等债券的发行监管外，还负责商业银行资本混合债券的发行管理，以及银行参与利率、汇率、信用衍生品交易的管理。在债券二级市场监管方面，我国目前共有三个主要的债券交易市场：银行间市场、交易所市场和商业银行柜台交易市场，其中，中国人民银行主要负责银行间市场和商业银行柜台交易的监管，中国证监会负责交易所的监管。银行间市场和交易所市场在管理主体、托管结算、参与主体等各个方面还没有实现互联互通。

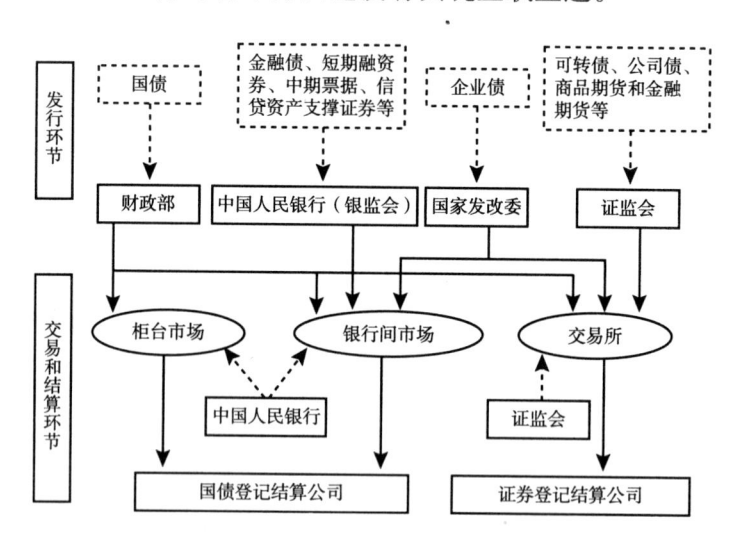

图7 "行政主导、多头分散"的债券和衍生品市场管理架构

行政主导、多头管理的体制导致的恶果至少有：第一，行政管制过强，金融机构、金融市场自发的创新动力不足；第二，各部门"跑马圈地"，有法不依，不利于建立统一的金融市场；第三，监管标准各不相同，不利于经营类似产品的不同机构开展竞争，不利于建立统一、有效的投资者保护制度，不利于建立统一、及时的信息搜集、处理平台，不利于监控和防范系统性风险；第四，监管部门间的竞争便利了市场参与机构进行监管套利，可能会诱发市场参与机构的道德风险，不利于金融稳定；第五，在行政主导的背景下，各管理部门过于强调加强自身的监管，忽视了市场纪律，从而使市场反复出现"一放就乱、一收就死"的局面。

改革"行政主导、多头管理"的体制是加快我国资本市场发展、化解短期金融风险的根本手段之一。当前，应该顺应十八届三中全会《决定》对政府职能转变的要求，放松管制，从行政主导转向市场主导。其中，至关重要的是放松对金融业务和产品的管制，以透明、期限适当、成本适中的融资渠道取代不透明、期限错配、成本高昂的"影子银行"和"银行的影子"。为谨慎起见，可以区分常规金融业务、产品与复杂金融业务、产品，对不同的业务和产品采取不同的监管手段。针对常规金融业务、产品，如股票、债券、利率衍生品（如国债期货、利率互换）、汇率衍生品、信贷资产证券化产品、信用违约互换等，可以由审批制改为注册制，将业务和产品的开发、经营权力下放到金融机构、金融市场。对复杂的金融产品和业务，可以采取审慎态度逐步放开。

关于注册制，《决定》中只提及了股票注册制改革，我们认为应该在常规金融业务和产品领域，尤其是债券市场推动此项改革。因为增加实体经济债券的发行不仅符合发展债券市场、资本市场的改革方向，而且，优质、大型企业以发行债券替代银行的贷款之后，也可以降低商业银行贷存比压力，将释放出来的贷款额度用于满足其他企业，特别是中小型企业的融资需求。如果在以机构投资者为主的银行间市场全面推出基于信息充分披露的债券发行注册制度，则相对于以散户为主的股票市场，其风险可控，效果好，改革宣示效应强烈。另外，对小额债券发行（如一次发行 500 万元以下）和私募发行，应该与其他国家（如美国）一样，采取更加宽松的管理，允许注册豁免。

除了注册制改革之外，还应该取消债券发行不得超过企业净资产 40% 的限制。目前，除了部分城投债之外，对非金融企业发债，依然延续了 20 世纪 90 年代的《企业债条例》中的不合理规定。取消该项限制在当前毫无障碍，如果加之以督促大型央企用发行债券置换银行贷款的配套政策，更将能够收到缓解流动性短缺和推动资本市场发展的双重功效。

在改变行政主导的现状，让市场发挥配置资源决定性作用的基础上，需要协调各监管部门，构建基于宏观审慎的监管体系。为了防止出现"一放就乱、一收就死"的痼疾，建立统一的金融市场，需要协调包括"一行三会"以及财政部、国家发改委在内的金融管理部门，建立有组织的协调机制和统一、有效的信息搜集和监测平台。

此外，需要吸收其他国家金融自由化改革的教训，在放松管制的同时，建立市场纪律，完善监管体制。及时建立市场纪律可以填补管制放松后留下的监管真空。建立行业纪律的第一个方面是关于信息披露机制的建设。应该研究实施和推广有助于揭示金融机构经营状况、风险水平、金融产品业务的收益和风险的信息披露机制,对重要的金融机构和复杂的金融产品以及公开上市交易的金融产品实施强制性信息披露机制。建立市场纪律的第二个方面是关于评级制度的建设。评级制度是金融市场的基础性制度,评级既不可能由利益相关者提供,也不能由监管者提供,而是应该由独立第三方提供。不过,2008年美国金融危机表明,以营利为目的的私营评级公司很难成为真正的独立第三方。因此,我国应该在借鉴国际经验的基础上,探索建立基于"国家目标、公共信用、市场运作"的评级制度。建立市场纪律的第三个方面是关于行业自律。在这方面,放松对交易所、交易市场的行政管制、推动行业协会和自律监管的发展尤为重要。

3. 建立公开透明的地方政府举债融资机制

过去几年实体经济部门杠杆率上升、偿债压力加重的背后是地方政府举债融资、推动 GDP 的冲动,这需要从体制上,尤其是从财政体制上予以根本解决。不过,即使是在财政体制从增长型财政分权转向公共财政分权之后,地方政府也存在客观上的举债需求,以为执行公共服务职能过程中产生的收支缺口融资,尤其是我国依然处于城镇化进程中,地方市政建设、基础设施投资尚需大量资金投入,地方举债的需求更是有其合理性。建立一个公开透明的地方政府举债融资机制可以硬化地方政府预算约束,防止道德风险,这不仅是我国经济体制长期改革的需要,在短期内,也是化解金融风险的必要措施。从各国的经验看,建立这一机制涉及如下几个方面。

第一,合理划分中央和地方政府的事权和财权。地方政府举债融资机制是在中央和地方事权、财权合理、明晰划分的情况下,为地方政府收支缺口提供融资的手段。因此,建立这一机制的基本前提是要合理划分中央和地方政府的事权和财权。否则,这一机制就会进一步扭曲中央和地方的关系,扭曲政府和市场的关系。关于这一点,我们在先前的财政体制改革中已经有过分析。

第二,明确举债融资的资金使用范围。根据国际经验,多数国家要求地方政府在举债时遵守"黄金规则",即除了为少量、短期的周期性赤字融资以外,地方政府举债只能用于基础性和公益性资本项目支出,不能用于弥补地方政府经常性预算缺口。我国地方政府举债融资也应该以服务于地方政府事权范围内的基础性和公益性资本项目为目的,不能用于弥补经常性预算赤字,也不能用于维持那些不符合地方政府事权改革方向的融资平台项目。对地方政府参与的经营性融资平台项目,应该依照十八届三中全会《决定》的要求,放开民营资本准入的限制,探索建立混合所有制,以公司债或者公司股票等方式融资。

以美国为例，美国地方政府举债原则上只能用于"资本类工程"，禁止为弥补财政赤字而进行债务融资。因此，美国地方政府举债融资的主要用途包括公共资本建设项目或大型设备采购；补贴私人活动，如学生贷款、个人住房抵押贷款等；为短期周转性支出或特种计划提供资金；偿还旧债；政府的养老金福利支出等。可以看出，资本性支出是地方政府债务融资最主要的用途，其次是补贴个人及私人公司，最后是用于平衡政府收支现金流以及弥补由于收入预测失误导致的预算短收。

第三，明确举债融资的方式。从其他国家的经验看，地方政府融资方式主要包括公开发行市政债、向金融机构借款和包括BOT（建设－经营－转让）在内的其他融资方式，但考虑到融资期限、融资的便利性和透明度，应以市政债为主要方式。

再以美国为例，美国的州和地方政府极少采用银行贷款等中介方式获取融资，联邦政府对州和地方政府也没有一般性的转移支付，只有具有附加条件的专项转移支付（也称联邦补助资金），因此，美国州和地方政府主要通过发行市政公债来筹集资金。市政公债是指除联邦政府以外的政府部门发行的所有政府债券的统称，既包括短期市场债券如税收预期票据，也包括长期债务工具如一般责任债券和收益债券。美国州和地方政府举债融资通常以长期债务为主。美国短期市政债券发行限制较少，种类较多，如税收预期票据，一般在一个年度内作为获取资金的依据。长期债务工具主要包括一般责任债券和收益债券，其中一般责任债券是由政府承诺偿付的"完全可靠与可信"的债券，募集资金用于提供公共产品和服务，并通过地方税收保证按期还本付息，这类债券担保来源稳定，安全性较高；收益债券则是为资本升值而发行的财政债券，需要依靠项目工程的收入来保证兑现利息，如机场债券、医院债券等。从发展趋势来看，收益债券在市政债券中所占比例在不断提高。

第四，明确偿债资金来源。偿债资金来源包括地方税收担保、特定项目收益、地方偿债基金以及市场债券保险等。在当前，考虑法律、税制改革及其他因素，应该避免使用地方税收担保的方式，而使用特定资本项目的收益作为偿债资金，同时，要建立地方偿债基金，探索建立市政债券保险机制。

不同类型的美国市政债券，其偿债资金来源也有所差异。州和地方政府发行一般责任市政债券融资时，通常以发行机构的声誉和信用为担保并以政府财政收入为支持；而收益市政债券一般是以特定项目的收益作为还本付息的来源，如停车场收益、租赁收益、产业开发、抵押收益等。州和地方政府还可以通过建立地方偿债基金来保证还本付息。在实际运作中，州和地方政府从市政债券发行溢价收入、地方税收、投资项目收益等收入中抽取一定比例，设立偿债基金，当州和地方政府不能偿还到期债务时，可以先行从偿债基金中支付。此外，市政债券保险也是美国地方政府维持偿债能力的重要手段。如果市政债券发行机构购买了市政债券保险，当其出现违约或拖欠等风险情形时，保险人便要承担债券发行机构的偿付义务。在美国市政债券市场，大多数新发行的市政债券都附带了保险①。

第五，建立地方政府债务风险管理体系和危机处置机制。这主要包括以下几个方面。①硬化地方政府的预算约束，建立科学、透明的地方政府预算制度，建立基于权责发生制的综合财务报告制度。其中，要分类管理经常性预算和资本性预算，经常性预算必须保持收支平衡，资本性预算的赤字在符合地方政府事权范围内方可发债融资。②实施规模控制。应该建立有效的地方政府资产负债表，科学评估融资项目收益的现金流，对地方政府债务的总体规模实施上限控制。③建立地方政府债务监管机制。以地方政府债务公开募集的市场管理部门、审计机构、第三方评级机构为主体，建立有效的事前、事中监管体系。④建立危机处置机制。应该逐步做实地方政府偿债基金，探索建立债券保险资金，制定特定项目破产清算预案，防止单一项目风险向整个地方政府债务融资市场乃至整个金融体系的传染。

在当前全球金融危机尚未消弭、我国金融风险显著上升的背景下，建立地方政府债务危机处置机制尤为关键。美国是市

---

① 在2008年次贷危机后，美国市政债券保险公司大多破产，此后新发行市政债券中进行保险的比例有所降低。

政债券最发达的国家,也是地方政府债务危机频现的地方。在美国,对一般责任债券的偿付危机,如果只是暂时性或技术性的,地方政府只需与债权人直接协商。而在收入来源不足以偿付债券的情况下,地方政府可以通过提高税率或收费比率来增加收入。但是如果自我补救没有效果,有些州就会通过设立专门管理机构(州紧急委员会)来帮助地方政府。专门管理机构与地方政府联合制定计划,以确保清偿必须履行的项目(如养老金),同时减少相对次要的预算项目。一旦帮助失败,则需依照联邦《破产法》,由发债政府提出和解协议并提出自愿破产请求。对收益债券,债券还本付息只是以项目的收入来源作为抵押。若发生债务危机,损失将由投资者自行承担。

第六,建立地方政府债务融资、交易和风险定价的市场体系。这主要包括以下几个方面。①建立有效的地方债务评级机制,为地方政府债务的定价、发行和交易提供市场化的评估标准。②建立一级发行市场和二级交易市场互联互通的市场体系,优化投资者结构和市场微观结构。③建立基础债务市场和衍生债务市场互联互通的市场体系,利用信用衍生品优化地方政府债务的定价机制和风险管理机制。

经过近两个世纪的发展,美国市政债券市场已经成为州和地方政府及其下属机构筹集公共事业资金的重要市场,与股票市场、国债和企业债市场并列成为美国四大资本市场。美国市政债券主要在场外市场进行交易,目前有超过1800家市政债券经销商从事市政债券交易。但是,交易却主要在少数几家机构之间展开,排名前十的市政债券经销商的市政债券交易量占整体交易量的75%①左右。在实践中,尽管多数投资者倾向于将市政债券持有到期,但是市政债券二级市场的交易依然非常活跃。

第五节　阴阳经济学:抑"邪气"、保"阳气"

当前种种迹象表明,我国经济正处于阴阳转换的分界点。别国的教训表明,在杠杆率高升的时候,如果用紧缩的宏观经济政策去主动刺破泡沫,经济将陷入长期经济低迷的流动性陷阱。由于货币政策趋紧、实体经济债务融资结构恶化,我国目前已经进入流动性短缺的状态,这种状态与流动性陷阱的差异仅在于资产价格尚未出现大幅度调整,经济的"阳气"尚在,经济当事人还有融资、追逐利润的动机。但是,如果过分打压,以至于"阳气"丧失,则总需求政策将会完全丧失效力,着眼于长期的体制改革也将失去良好的宏观经济基础。

对当前中国经济存在的问题,我们应该采用"中西医结合"的办法。一方面,按照十八届三中全会的顶层设计,我们需要以彻底的体制改革来抑制"邪气"之源;另一方面,我们也还需要采取一些短期内能立竿见影、对症下药的措施,

---

① 根据2011年的数据。

逐步降低杠杆率，消化房地产市场的泡沫。

令人宽慰的是，与美、日这两个阴气重重的经济体相比，我国人口红利的"阳气"尚在，而且，经过三十多年改革的历程，经历了亚洲金融危机后通货紧缩、银行"惜贷"和实体经济结构调整的惨痛，我们已经学会并掌握了"中西医结合"的疗法——诸如准备金制度改革、资本市场管理制度改革、地方政府举债融资机制的建立等，这些疗法兼具长期改革和短期风险处置的效应。当然，归根到底，我们还是要让市场发挥配置资源的决定性作用，要让所有的市场参与者——国有企业、民营企业、混合所有制企业和家庭都充满创造财富的"阳气"。

参考文献

约翰 G. 格利、爱德华 S. 肖:《金融理论中的货币》，生活·读书·新知三联书店，1988。

凯恩斯:《就业、利息和货币通论》，商务印书馆，1999。

刘絜敖:《国外货币金融学说》，中国展望出版社，1982。

马克思:《资本论》第一卷，载《马列著作选编（修订本）》，中共中央党校出版社，2011。

殷剑峰:《中国金融产品与服务报告（2006）》，社会科学文献出版社，2006。

Freixas, Hartmann and Mayer. 2008: *Handbook of European Financial Markets and Institutions*, Oxford University Press.

后　记

　　这是一个酝酿了很久，却在仓促间完成的稿子。在不到半年的时间里，以笔者粗浅的水平，给出一个话题如此艰难的"拙"作，实在是力不逮而不得已为之。

　　金融改革不仅涉及金融体制的改革和金融体系结构的调整，而且与财政体制乃至整个经济政治体制的改革都是密切相关的。抛开其他领域的改革来谈金融改革，即使不会误国，也会沦为空谈。更重要的是，当中国已经成为全球第二大经济体，并且深深融入一个正在发生巨大变化的全球体系的时候，仅谈中国的金融改革，而不论及全球货币金融秩序的再造，那也是"鼠目寸光"，无法给出改革需要的"顶层设计"。

　　今天的全球体系正在发生深刻和巨大的变化，正是这种变化引发了2008年以全球体系中心国家为震源和重灾区的危机。正统的经济学在危机前显然没有观察到这种变化，因而没有对危机做出警示；在危机后，除了给出看似新颖的量化宽松政策之外，再也无能为力。对这场危机及其背后的变化，需要从历史的视角予以解读，需要政治经济学，而不仅是经济学的工具来分析。

我们用以观察历史的工具一直以来就是早期马克思主义经典作家提供的传统政治经济学。按照这种学说的逻辑，资本主义，由于其生产方式的内在矛盾，会定期爆发生产过剩的危机。确实，根据有关统计，从 19 世纪初到 20 世纪 70 年代，经济周期大约每 5 年就会发生一次。然而，从 20 世纪 70 年代末 80 年代初开始，在以美国为代表的发达国家中，尽管周期性的经济波动依然存在，但是，波动的幅度显著趋小，甚至缓和到不为人所察觉的程度。这种始于发达国家，后来扩散到全球的经济波动趋缓现象被美国经济学家称作"大缓和"（Great Moderation）。

全球大缓和的现象非传统政治经济学可以解释，它实际上是由美元霸权主导的全球货币金融秩序日渐成熟和完善的产物。而且，早期马克思主义经典作家关于危机的一个推断也不符合今天的观察：生产过剩意味着消费增加的速度慢于供给增加的速度，因此，我们应该可以看到整个经济的消费率在下降以及消费率的对应面——储蓄率在上升。但是，在本书的第一章中我们已经看到，作为"资本主义"的核心，美国经历了几十年的储蓄率下降和消费率的上升，欧洲一些发达国家也是如此。

按照传统政治经济学的论断，生产过剩的经济危机来源于收入分配状况的恶化。《资本论》第一卷就指出，资本主义积累的一般规律"制约着同资本积累相适应的贫困积累。因此，在一极是财富的积累，同时在另一极，即在把自己的产品作为资本来生产的阶级方面，是贫困、劳动折磨、受奴役、无知、粗野和道德堕落的积累"。然而，在2008年全球金融危机的震源和重灾区，我们没有发现危机前出现收入分配状况的显著变化。事实上，我们发现，在包括美国在内的高收入国家中，其危机前的基尼系数相当稳定，甚至有所改善——当然，我们不必去刻意强调这些比我们富有的"资本主义"国家却有比我们更低的基尼系数。进一步，如果收入分配恶化是危机的罪魁祸首，那么，在危机前，我们应该观察到储蓄率的上升，而不是实际储蓄率的下降。原因很简单，如果收入越来越集中在少数人手中，边际消费倾向递减的规律会让全社会的消费率下降、储蓄率上升。当然，危机本身确实会使收入分配恶化，因为危机首先打击的是低收入和中产阶级。

正统经济学和传统政治经济学的尴尬是因为它们要么不重视历史，要么由于"历史局限性"而不够"历史"。记得在一次学习中，一位精通马列的党校老师告诫大家，要读100年前的书。当时我心里不禁发问，为什么不读1000年前的书呢？1000年前是个什么世界？不是近100多年来以西方为中心的世界，而是延续两千年或者更长时间的以东方为中心的世界！

正统经济学和传统政治经济学在本质上是属于西方中心论的——正如后者断言，东方有一种传统的、落后的和停滞的"亚细亚生产方式"。

今天，全球体系的深刻变化已经超出了传统政治经济学的分析能力。这种变化恐怕还不只是本书讨论的美元霸权的衰落和终结问题，而且是西方中心回归东方中心的巨变。在这种背景下讨论金融改革或者任何其他改革问题，都会是何其困难！

所以，希望读者能够对本书的粗陋予以谅解。在巨变时刻，让我们共同学习，共同进步。闲来，浊酒一杯，看风起云涌。

图书在版编目（CIP）数据

金融大变革/殷剑锋著.—北京：社会科学文献出版社，2014.7
（全面深化改革研究书系）
ISBN 978-7-5097-6237-0

Ⅰ.①金… Ⅱ.①殷… Ⅲ.①金融改革-研究-中国 Ⅳ.①F832.1

中国版本图书馆 CIP 数据核字（2014）第 146821 号

·全面深化改革研究书系·

金融大变革

| 著　　者 / 殷剑锋

| 出版 人 / 谢寿光
| 出版 者 / 社会科学文献出版社
| 地　　址 / 北京市西城区北三环中路甲29号院3号楼华龙大厦
| 邮政编码 / 100029

| 责任部门 / 经济与管理出版中心　　　　责任编辑 / 许秀江　于　飞
|　　　　　（010）59367226　　　　　　责任校对 / 刘宏桥
| 电子信箱 / caijingbu@ssap.cn　　　　　责任印制 / 岳　阳
| 项目统筹 / 恽　薇　许秀江
| 经　　销 / 社会科学文献出版社市场营销中心（010）59367081　59367089
| 读者服务 / 读者服务中心（010）59367028

| 印　　装 / 三河市尚艺印装有限公司
| 开　　本 / 787mm×1092mm　1/20　　　印　张 / 12
| 版　　次 / 2014 年 7 月第 1 版　　　　　字　数 / 149 千字
| 印　　次 / 2014 年 7 月第 1 次印刷
| 书　　号 / ISBN 978-7-5097-6237-0
| 定　　价 / 45.00 元

本书如有破损、缺页、装订错误，请与本社读者服务中心联系更换
▲ 版权所有　翻印必究